Vf 6453
+5593

HERODE

ET

MARIAMNE,

TRAGEDIE,

DE M. DE VOLTAIRE.

. . . . *Æstuât ingens*
Imo in corde pudor, mixto quæ insania luctu,
Et furiis agitatus amor, &c.

Le prix est de 30. sols.

꘎

A PARIS, QUAY DES AUGUSTINS,

Chez

NOEL PISSOT, à la descente du Pont-Neuf, à la Croix d'Or.

ET

FRANÇOIS FLAHAULT, du côté du Pont. S. Michel, au Roy de Portugal.

M. DCC. XXV.

AVEC PRIVILEGE DU ROY.

A LA REINE.

MADAME,

Il paroîtra peut-être peu convenable de
dèdier Mariamne à une Reine qui fait le
bonheur de son Epoux ; mais je dois presenter
cet Ouvrage à *VOTRE MAJESTE'*
parce qu'il est l'éloge de la Vertu. Vous y
trouverez des sentimens de grandeur, sans
orgüeil, de modestie sans affectation, de gé-
nérosité & de bienséance. C'est par-là seulement que cette Piece peut trouver grace devant vos Yeux.

PREFACE.

L feroit utile qu'on abolit la coûtume que plufieurs perfonnes ont prife depuis quelques années, de tranfcrire pendant les Reprefentations, les Pieces de Theâtre, bonnes ou mauvaifes, qui ont quelqu'apparence de fuccès. Cette précipitation répand dans le Public des Copies défectueufes des Pieces nouvelles, & expofe les Auteurs à voir leurs Ouvrages imprimez fans leur confentement, & avant qu'ils y aïent mis la derniere main. Voilà le cas où je me trouve. Il vient de paroître coup fur coup trois mauvaifes Editions de ma Tragedie de MARIAMNE, l'une à AMSTERDAM chez CHANGUION, & les deux autres fans nom d'Imprimeur. Toutes trois font pleines de tant de fautes, que mon Ouvrage y eft

ã

entierement méconnoiffable. Ainfi je me
vois forcé de donner moi-même une Edition de MARIAMNE, où du moins il n'y ait
de fautes que les miennes ; & cette neceffité
où je fuis d'imprimer ma Tragedie , avant
le temps que je m'étois prefcrit pour la corriger, ferviroit d'excufe aux fautes qui font
dans cet Ouvrage , fi des défauts pouvoient
jamais être excufez.

La deftinée de cette Piece a été extraordi-
naire. Elle fut joüée pour la premiere fois
en 1724. au mois de Mars, & fut fi mal
reçûë qu'à peine pût-elle être achevée : Elle
fut rejoüée avec quelques changemens en
1725. au mois de May , & fut reçûë alors
avec une extrême indulgence.

J'avoüe avec fincerité, qu'elle méritoit le
mauvais accüeil que lui fit d'abord le Public. Et je fupplie qu'on me permette d'entrer fur cela dans un détail , qui peut-être
ne fera pas inutile à ceux qui voudront cou-
rir la carriere épineufe du Theâtre, où j'ai
le malheur de m'être engagé ; ils verront les
écüeils où j'ai échoué. Ce n'eft que par - là
que je puis leur être utile.

Une des premieres regles, eft de peindre
les Heros connus , tels qu'ils ont été , ou

PREFACE.

plûtôt tels que le Public les imagine ; car il
eſt bien plus aiſé de mener les Hommes
par les idées qu'ils ont, qu'en voulant leur
en donner de nouvelles.

Sit medeâ ferox Invictaque , flebilis ino.

Perfidus Ixion io vaga, triſtis Oreſtes , &c.

Fondé ſur ces principes, & entraîné par
la complaiſance reſpectueuſe, que j'ai toujours euë pour des perſonnes qui m'hono-
rent de leur amitié & de leurs conſeils, je
me réſolus de m'aſſujetir entierement à l'i-
dée que les Hommes ont depuis long-temps,
de MARIAMNE & d'HERODE, & je ne ſon-
geai qu'à les peindre fidelement d'après le
portrait que chacun s'en eſt fait dans ſon
imagination. Ainſi Herode parut dans cette
Piece, cruel & politique, tiran de ſes Sujets,
de ſa Famille, de ſa femme, plein d'amour
pour Mariamne;mais plein d'un amour barbare, qui ne lui inſpiroit pas le moindre repentir de ſes fureurs: je ne donnai à Mariamne, d'autres ſentimens qu'un orgüeil impru-
dent, & qu'une haine inflexible pour ſon ma-
ry.Et enfin,dans la vûë de me conformer aux
opinions reçûës, je ménageai une entrevuë

ã ij

entre Herode & Varus ; dans laquelle je fis
parler ce Prêteur avec la hauteur qu'on
s'imagine que les Romains affectoient avec
les Rois.

Qu'arriva-t'il de tout cet arrangement ?
Mariamne intraitable n'interessa point : Herode n'étant que criminel, revolta ; & son
entretien avec Varus le rendit méprisable.
J'étois à la premiere Representation : je m'a-
perçûs dès le moment où parut Herode ,
qu'il étoit impossible que la Piece eut du
succés ; & je compris que je m'étois égaré en
marchant trop timidement dans la route ordinaire.

Je sentis qu'il est des occasions où la premiere regle est de s'écarter des regles pres-
crites : & que (comme dit Monsieur Pascal,
sur un sujet plus serieux) les veritez se
succedent du pour au contre à mesure
qu'on a plus de lumieres. Il est vrai qu'il
faut peindre les Heros tels qu'ils ont êté ;
mais il est encore plus vrai qu'il faut adou-
cir des caracteres désagréables ; qu'il faut
songer au Public pour qui l'on écrit, encor
plus qu'aux Heros que l'on fait paroître ; &
qu'on doit imiter les Peintres habiles, qui
embellissent en conservaut la ressemblance.

Pour qu'Herode reſſemblat, il étoit ne-
ceſſaire qu'il excitât l'indignation : Mais pour
plaire il devoit émouvoir la pitié. Il falloit que
l'on déteſtât ſes crimes, que l'on plaignît ſa
paſſion, qu'on aimât ſes remords ; & que ces
mouvemens ſi violents, ſi ſubits, ſi contraires, qui font le caractere d'Herode, paſſaſ-
ſent rapidement tour-à-tour dans l'ame du
Spectateur.

Si l'on veut ſuivre l'Hiſtoire ; Mariamne
doit haïr Herode, & l'accabler de reproches :
mais ſi on veut que Mariamne intereſſe,
ſes reproches doivent faire eſperer une ré-
conciliation : ſa haine ne doit pas paroître
toûjours inflexible. Par-là le Spectateur eſt
attendri, & l'Hiſtoire n'eſt point entierement
démentie.

Enfin je croi que Varus ne doit point du
tout voir Herode ; & en voici les raiſons.
S'il parle à ce Prince avec colere & avec
hauteur, il l'humilie, & il ne faut point avi-
lir un Perſonnage qui doit intereſſer. S'il lui
parle avec politeſſe, ce n'eſt qu'une Scene
de complimens, qui ſeroit d'autant plus froide, qu'elle ſeroit inutile. Que ſi Herode ré-
pond en juſtifiant ſes cruautez, il dément
la douleur & les remords dont il eſt pénétré

en arrivant: S'il avouë à Varus cette douleur & ce repentir qu'il ne peut en effet
cacher à perfonne: Alors il n'eft plus permis
au vertueux Varus de contribuer à la fuite
de Mariamne, pour laquelle il ne doit plus
craindre. De plus, Herode ne peut faire
qu'un tres-méchant perfonnage avec l'amant
de fa femme; & il ne faut jamais faire ren-
contrer enfemble fur la Scene des Acteurs
principaux qui n'ont rien d'intereffant à fe
dire.

La mort de Mariamne, qui à la premiere
Reprefentation étoit empoifonnèe & expiroit fur le Théatre, acheva de revolter les
Spectateurs; foit que le Public ne pardonne
rien, lorfqu'une fois il eft mécontent, foit
qu'en effet il eût raifon de condamner cette invention qui étoit une faute contre l'Hi-
ftoire, faute qui peut-être n'étoit rachetée
par aucune beauté.

J'aurois pû ne me pas rendre fur ce der-
nier article. Et j'avouë que c'eft contre mon
goût que j'ai mis la mort de Mariamne en
Recit, au lieu de la mettre en Action: Mais
je n'ai voulu combattre en rien le goût du
Public. C'eft pour lui, & non pour moi que
j'écris: Ce font fes fentimens & non les miens
que je dois fuivre

Cette docilité raifonnable ; ces efforts que
j'ai faits pour rendre intérreffant un fujet
qui avoit paru fi ingrat , m'ont tenu lieu
du mérite qui m'a manqué , & ont enfin trouvé grace devant des Juges prévenus contre
la Piece.

Je ne penfe pas que ma Tragedie merite
fon fuccès , comme elle avoit mérité fa
chûte. Je ne donne même cette Edition qu'en
tremblant. Tant d'Ouvrages que j'ai vûs
applaudis au Theâtre , & méprifez à la
Lecture , me font craindre pour le mien le
même fort. Une ou deux fituations , l'art
des Acteurs , la docilité que j'ai fait paroître , ont pû m'attirer des fuffrages aux Reprefentations : Mais il faut un autre mérite pour foûtenir le grand jour de l'Impreffion. C'eft peu d'une conduite reguliere. Ce
feroit peu même d'intereffer. Tout Ouvrage
en Vers , quelque beau qu'il foit d'ailleurs ,
fera néceffairement ennuieux, fi tous les Vers
ne font pas pleins de force & d'harmonie,
fi on n'y trouve pas une élegance continuë,
fi la Piece n'a point ce charme inexprima-
ble de la Poëfie, que le genie feul peut donner , où l'efprit ne fçauroit jamais atteindre,
& fur lequel on raifonne fi mal , & fi inuti-

lement depuis la mort de Monſieur Deſ-
preaux.

C'eſt une erreur bien groſſiere de s'imaginer
que les Vers ſoient la derniere partie d'une
Piece de Theâtre, & celle qui doit le moins
coûter. M. Racine, c'eſt-à-dire, l'Homme
de la terre, qui après Virgile a le mieux connu l'Art des Vers, ne penſoit pas ainſi. Deux
années entieres lui ſuffirent à peine pour
écrire ſa PHEDRE. Pradon ſe vante d'avoir
compoſé la ſienne en moins de trois mois.
Comme le ſuccez paſſager des Repreſenta-
tions d'une Tragédie ne dépend point du
ſtile, mais des Acteurs & des ſituations, il
arriva que les deux Phedres ſemblerent d'a-
bord avoir une égale deſtinée ; mais l'im-
preſſion regla bien-tôt le rang de l'un & de
l'autre. Pradon ſelon la coûtume des mauvais Auteurs, eût beau faire une Préface
inſolente dans laquelle il traittoit ſes Criti-
ques de malhonnête gens : Sa piéce tant van-
tée par ſa cabale & par lui, tomba dans le
mépris qu'elle mérite, & ſans la Phedre de
Monſieur Racine, on ignoreroit aujourd'hui
que Pradon en a compoſé une.

Mais d'où vient enfin cette diſtance ſi pro-
digieuſe entre ces deux Ouvrages! la con-

duite en eſt à peu prés la même : Phedre
eſt mourante dans l'une & dans l'autre. The-
ſée eſt abſent dans les premiers Actes : Il paſ-
ſe pour avoir été aux enfers avec Pirrithous :
Hippolite ſon fils veut quitter Trezene : il
veut fuïr Aricie qu'il aime. Il déclare ſa paſſion à Aricie, & reçoit avec horreur celle de
Phedre, il meurt du même genre de mort,
& ſon Gouverneur fait le récit de ſa mort.

Il y a plus. Les Perſonnages des deux Pieces ſe trouvant dans les mêmes ſituations,
diſent preſque toûjours les mêmes choſes :
Mais c'eſt là qu'on diſtingue le grand Homme, & le mauvais Poëte. C'eſt lorſque Racine
& Pradon penſent de même, qu'ils ſont les
plus differens. En voici un exemple bien
ſenſible ; dans la déclaration d'Hippolyte à
Aricie. Monſieur Racine fait ainſi parler
Hippolite.

Moi qui contre l'amour fierement révolté,

Aux fers de ſes Captifs ai long-temps inſulté ;

Qui des foibles mortels déplorant les naufrages,

Penſois toûjours du bord contempler les orages.

Aſſervi maintenant ſous la commune Loi,

Par quel trouble me voi-je emporté loin de moi ?

PREFACE.

Un moment a vaincu mon audace imprudente.

Cette ame si superbe est enfin dépendante.

Depuis près de six mois honteux , désesperé ,

Portant par tout le trait , dont je suis déchiré ;

Contre vous , contre moi , vainement je m'éprouve,

Presente je vous fuis , absente je vous trouve.

Dans le fonds des Forêts vôtre image me suit.

La lumiere du jour , les ombres de la nuit.

Tout retrace à mes yeux les charmes que j'évite ;

Tout vous livre à l'envi le rebelle Hippolyte.

Moi-même pour tout fruit de mes soins superflus ,

Maintenant je me cherche , & ne me trouve plus.

Mon Arc, mes Javelots , mon Char , tout m'importune,

Je ne me souviens plus des leçons de Neptune.

Mes seuls gémissemens font retentir les Bois ,

Et mes Coursiers oisifs ont oublié ma voix.

Voici comment Hippolyte s'exprime dans Pradon.

Assez & trop long-temps , d'une bouche profane ,

Je méprisai l'amour , & j'adorai Diane ;

Solitaire, farouche, on me voïoit toûjours

Chaſſer dans nos Forêts, les Lions & les Ours.

Mais un ſoin plus preſſant m'occupe & m'embarraſſe.

Depuis que je vous vois, j'abandonne la chaſſe.

Elle fit autrefois mes plaiſirs les plus doux,

Et quand j'y vais, ce n'eſt que pour penſer à vous.

On ne ſçauroit lire ces deux pieces de comparaiſon, ſans admirer l'une, & ſans rire de l'autre. C'eſt pourtant dans toutes les deux le même fonds de ſentimens, & de penſées. Car quand il s'agit de faire parler les paſſions, tous les hommes ont preſque les mêmes idées. Mais la façon de les exprimer, diſtingue l'homme d'eſprit, d'avec celui qui n'en a point; l'homme de genie, d'avec celui qui n'a que de l'eſprit, & le Poëte d'avec celui qui veut l'être.

Pour parvenir à écrire comme M. Racine, il faudroit avoir ſon genie, & polir autant que lui ſes Ouvrages. Qu'elle défiance ne dois-je donc point avoir, moi qui né avec talens ſi foibles, & accablé par des maladies continuelles, n'ai ni le don de bien imaginer, ni la liberté de corriger par un travail aſſidu les défauts de mes Ouvrages. Je ſens avec déplaiſir toutes

PREFACE.

les fautes qui font dans la contexture de cette Piece, auffi-bien que dans la diction. J'en aurois corrigé quelques-unes, fi j'avois pû retarder cette Edition ; mais j'en aurois laiffé encore beaucoup. Dans tous les Arts il y a un terme par-delà lequel on ne peut plus avancer. On eft refferré dans les bornes de fon talent : on void la perfection au-delà de foi, & on fait des efforts impuif-fans pour y atteindre.

Je ne ferai point une Critique détaillée de cette Piece, : les Lecteurs la feront affez fans moi. Mais je crois qu'il eft neceffaire que je parle ici d'une Critique generale qu'on a faite fur le choix du fujet de Mariamne. comme le genie des François eft de faifir vivement le côté ridicule des chofes les plus ferieufes : on difoit que le fujet de Mariamne n'étoit autre chofe qu'*un vieux mary amoureux & brutal, à qui fa femme refufe avec aigreur le devoir conjugal.* Et on ajoûtoit qu'une querelle de ménage ne pouvoit jamais faire une Tragedie. Je fupplie qu'on faffe avec moi quelques refléxions fur ce préjugé.

Les pieces tragiques font fondées ou fur les interêts de toute une Nation, ou fur les interêts particuliers de quelques Princes.

PREFACE.

De ce premier genre font l'*Iphigenie en Au-lide*, où la Grèce affemblée, demande le fang du fils d'Agamemnon : *les Horaces*, où trois combattans ont entre les mains le fort de Rome : l'*Oedipe*, où le Salut des Thebains dépend de la découverte du meurtre de Laïus. Du fecond genre font *Britanicus*, *Phedre*, *Mithidate*, &c.

Dans ces trois dernieres tout l'interêt eft renfermé dans la Famille du Heros de la Piece : Tout roule fur des paffions que des Bourgeois reffentent comme les Princes. Et l'intrigue de ces Ouvrages eft auffi propre à la Comédie, qu'à la Tragedie. Otez les noms, *Mithridate n'eft qu'un Vieillard amoureux d'une jeune fille : Ses deux fils en font amoureux auffi ; & il fe fert d'une rufe affez baffe pour decouvrir celui des deux qui eft aimé.*

Phedre eft une Belle-mere, qui enhardie par une intriguante, fait des propofitions à fon beaufils, lequel eft occupé ailleurs.

Neron eft un jeune homme impetueux qui devient amoureux tout d'un coup : qui dans le moment veut fe féparer d'avec fa femme, & fe cache derriere une Tapifferie pour écouter les difcours de fa Maîtreffe. Voilà des fujets que

Moliere a pû traiter ,comme Racine. Auſſi l'intrigue de l'Avare eſt-elle préciſément la même que celle de Mithridate. Harpagon & le Roi de Pont ſont deux Vieillards amou- reux ; l'un & l'autre ont leur fils pour rival; l'un & l'autre ſe ſervent du même artifice pour découvrir l'intelligence qui eſt entre leur fils & leur Maîtreſſe : & les deux Pié- ces finiſſent par le mariage du jeune hom- me.

Moliere & Racine ont également réuſſi, en traitant ces deux intrigues : l'un a amu- ſé, a réjoüi, a fait rire les honnêtes gens ; l'autre a attendri, a effraïé, a fait verſer des larmes. Moliere a joüé l'amour ridicule d'un vieil Avare : Racine a repréſenté les foibleſſes d'un grand Roi, & les a renduës reſpectables.

Que l'on donne une Nôce a peindre, à Vato, & à le Brun. L'un repreſentera ſous une treille des Païſans pleins d'une joïe naïve, groſſiere, & effrenée, au tour d'une Table ruſtique, où l'yvreſſe, l'emportement, la débauche, le rire immoderé regneront. L'autre peindra les Nôces de Pelée & de Thetis, le Feſtin des Dieux, leur joïe majeſtueuſe. Et tous deux ſeront arrivez à la perfection de leur

PREFACE.

Art, par des chemins differens.

On peut appliquer tous ces exemples à *Mariamne*. La mauvaise humeur d'une femme, l'amour d'un vieux mari, les *Tracasseries* d'une belle-sœur, sont des petits objets comiques par eux-mêmes. Mais un Roi à qui la terre a donné le nom de grand, éperdument amoureux de la plus-belle femme de l'Univers, la passion furieuse de ce Roi si fameux par ses vertus & par ses crimes: Ses cruautez passées, ses remords presens: ce passage si continuel & si rapide de l'amour à la haine, & de la haine à l'amour: l'ambition de sa sœur, les intrigues de ses Ministres; la situation cruelle d'une Princesse dont la vertu & la beauté sont celebres encor dans le monde, qui avoit vû son pere & son frere livrez à la mort par son mari, & qui pour comble de douleur se voyoit aimée du Meurtrier de sa Famille: Quel champ! quelle carriere pour un autre genie que le mien! Peut-on dire qu'un tel sujet soit indigne de la Tragedie!

Je souhaite sincerement que le même Autheur, qui va donner une nouvelle Tragedie d'Oedipe, retouche aussi le sujet de Mariamne. Il fera voir au Public quelles resfources un genie fécond peut trouver dans ces deux grands fujets : Ce qu'il fera, m'apprendra ce que j'aurois dû faire. Il commencera où je finis. Ses fuccès me feront chers, parce qu'ils feront pour moi des leçons, & parce que je préfere la perfection de mon art, à ma réputation.

Je profite de l'occafion de cette Preface pour avertir que le Poëme de la Ligue que j'ai promis, n'eft point celui dont on a plufieurs Editions, & qu'on débite fous mon nom. Sur tout je défavouë celui qui eft imprimé à Amfterdam chez Jean-Federic Bernard en 1724. On y a ajoûté beaucoup de Pieces, fugitives, dont la plûpart ne font point de moi. Et le petit nombre de celles qui m'appartiennent, y eft entieremet dèfiguré. .

Je fuis dans la réfolution de fatisfaire le plus promptement qu'il me fera poffible, aux engagemens que j'ai pris avec le Public pour l'Edition de ce Poëme. J'ai fait graver avec beaucoup de foin des Eftampes très-belles, fur les deffeins de Meffieurs *de Troye*, *le Moine* & *Veugle*. Mais la perfection d'un Poëme demande plus de temps que celle d'un Tableau. Toutes les fois que je confidere ce fardeau pénible que je me fuis impo-

fé moi-même, je fuis effraïé de fa péfanteur ;
& je me repens d'avoir ofé promettre un Poë-
me-Epique. Il y a environ quatre-vingt Perfonnes à Paris qui ont foufcrit pour l'Edition
de cet Ouvrage ; quelques-uns de ces Meffieurs ont crié de ce qu'on les faifoit attendre. Les Libraires n'ont eû autre chofe
à leur répondre que de leur rendre leur
argent ; & c'eft ce qu'on a fait à Bu-
reau ouvert *chez Noël Piffot, Libraire, à
la Croix d'Or, Quay des Auguftins.* A l'égard
des Gens raifonnables qui aiment mieux
avoir tard un bon Ouvrage, que d'en avoir
de bonne heure un mauvais. Ce que j'ai à
leur dire, c'eft que lorfque je ferai imprimer le Poëme de Henri IV. quelque tard
que je le donne, je leur demanderai toûjours pardon, de l'avoir donné trop tôt.

FIN.

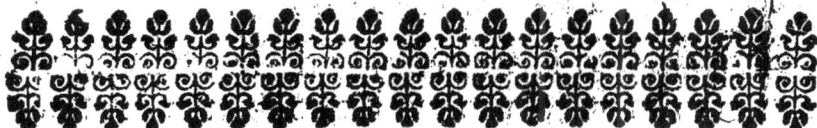

ACTEURS.

VARUS, Préteur Romain, Gouverneur de Syrie.

HERODE, Roi de la Palestine.

MARIAMNE, Femme d'Herode.

SALOME, Sœur d'Herode.

ALBIN, Confident de Varus.

MAZAEL,
IDAMAS, } Ministres d'Herode.

NABAL, ancien Officier des Rois Asmonéens.

ELIZE Confidente de Mariamne.

Suite de Varus.

Suite d'Herode.

La Scene est à Jerusalem.

HERODE
ET
MARIAMNE,
TRAGEDIE.

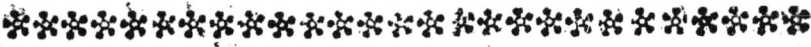

✳✳✳✳✳✳✳✳✳✳✳✳✳✳✳✳✳✳✳✳✳✳✳✳✳✳✳

ACTE PREMIER.

❖❖❖❖❖❖❖❖❖❖❖❖❖❖❖❖❖❖❖❖❖❖❖❖

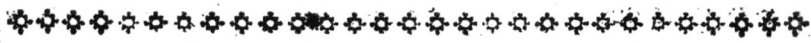

SCENE PREMIERE.

SALOME, MAZAEL.

MAZAEL.

Ui, cette autorité qu'Herode vous confie,
Est par tout reconnuë, & par tout affer-
    mie.
J'ai volé vers Azor, & repassé soudain,
Des Champs de Samarie aux Sources du Jourdain.

A

Madame, il étoit temps que du moins ma préſence,

Des Hebreux inquiets cónfondit l'eſperance.

Herode votre frere à Rome retenu ,

Déja dans ſes Etats n'étoit plus reconnu.

Le Peuple pour ſes Rois toûjours plein d'injuſtices ,

Hardi dans ſes diſcours , aveugle en ſes caprices ,

Publioit hautement qu'à Rome condamné ;

Herode à l'eſclavage étoit abandonnné ;

Et que la Reine aſſiſe au rang de ſes Ancêtres ,

Feroit regner ſur nous , le ſang de nos grands Prêtres.

Je l'avouë à regret , j'ai vû dans tous les lieux

Mariamne adorée , & ſon nom précieux.

Iſraël aime encore avec idolatrie ,

Le ſang de ces Héros dont elle tient la vie.

Sa beauté , ſa naiſſance , & ſur tout ſes malheurs ,

D'un Peuple qui nous haït ont ſéduit tous les cœurs.

Et leurs vœux indiſcrets la nommant Souveraine ,

Sembloient vous annoncer une chûte certaine.

J'ai vû par ces faux bruits tout un Peuple ébranlé.

Mais , j'ai parlé , Madame , & ce Peuple a tremblé.

Je leur ai peint Herode avec plus de puiſſance ,

Rentrant dans ſes Etats ſuivi de la vengeance ;

Son nom feul a par tout répandu la terreur,
Et les Juifs en filence ont pleuré leur erreur.

SALOMÉ.

Vous ne vous trompiez point. Herode va paroître ;
L'indocile Sion va trembler fous fon Maître.
Il enchaîne à jamais la fortune à fon Char ;
Le Favori d'Antoine eft l'ami de Cefar ;
Sa politique habile, égale à fon courage,
De fa chûte imprévûë a réparé l'outrage.
Le Senat le couronne.

MAZAEL.

Eh ? que deviendrez-vous ;
Quand la Reine en ces lieux reverra fon Epoux ?
De votre autorité cette fiere Rivale
Madame, auprès du Roy, vous fût toûjours fatale :
Son efprit orgueilleux qui n'a jamais plié,
Conferve encor pour vous la même inimitié.
Elle vous outragea, vous l'avez offenfée ;
A votre abaiffement elle eft interreffée.
Eh ne craignez-vous plus ces charmes tout-puiffans,
Du malheureux Herode imperieux tirans !

A ij

Depuis près de cinq ans qu'un fatal himenée,
D'Herode & de la Reine unit la destinée.
L'amour prodigieux dont ce Prince est épris,
Se nourrit par la haine & croît par le mépris.
Vous avez vû cent fois ce Monarque infléxible,
Déposer à ses pieds sa Majesté terrible ;
Et chercher dans ses yeux irritez ou distraits,
Quelques regards plus doux qu'il ne trouvoit jamais.
Vous l'avez vû frémir, soûpirer & se plaindre,
La flatter, l'irriter, la menacer, la craindre ;
Cruel dans son amour, soumis dans ses fureurs,
Esclave en son Palais, Héros par tout ailleurs.
Que dis-je ! en punissant une ingrate Famille,
Fumant du sang du Pere, il adoroit la Fille :
Le fer encor sanglant & que vous excitiez,
Etoit levé sur elle, & tomboit à ses pieds.
Il est vrai que dans Rome éloigné de sa vûë,
Sa chaîne de si loin sembloit s'être rompuë :
Mais ç'en est fait, Madame, il rentre en ses Etats,
Il l'aimoit, il verra ses dangereux appas :
Ces yeux toûjours puissans, toûjours sûrs de lui plaire,
Reprendront malgré-vous leur empire ordinaire.

Et tous ſes ennemis bien-tôt humiliez,

À ſes moindres regards ſeront ſacrifiez.

Otons-lui, croïez-moi, l'interêt de nous nuire.

Songons à la gagner, n'aïant pû la détruire ;

Et par de vains reſpects, par des ſoins aſſidus, ...

SALOME.

Il eſt d'autres moïens de ne la craindre plus.

MAZAEL.

Quel eſt donc ce deſſein ? que pretendez-vous dire ?

SALOME.

Peut-être en ce moment notre ennemie expire.

MAZAEL.

D'un coup ſi dangereux, oſez-vous vous charger ?

Sans que le Roi . . .

SALOME.

Le Roi conſent à me venger.

Zarès eſt arrivé, Zarès eſt dans Solime,

Miniſtre de ma haine, il attend ſa victime ;

Le lieu, le temps, le bras, tout eſt choiſi par lui,

Il vint hier de Rome, & nous venge aujourd'hui.

MAZAEL.

Quoi ! vous avez enfin gagné cette victoire ?
Quoi ! malgré son amour , Herode a pû vous croire ?
Il vous la sacrifie ! il prend de vous des loix !

SALOME.

Je puis encor sur lui bien moins que tu ne crois.
Pour arracher de lui cette lente vengeance ,
Il m'a falu choisir le temps de son absence.
Tant qu'Herode en ces lieux demeuroit exposé ,
Aux charmes dangereux qui l'ont tirannisé :
Mazael , tu m'as vûë avec inquietude ,
Traîner de mon destin la triste incertitude.
Quand par mille détours affûrant mes succès ,
De son cœur soupçonneux j'avois trouvé l'accès ;
Quand je croïois son ame à moi seule renduë ;
Il voïoit Mariamne , & j'étois confonduë.
Un coup d'œil renversoit ma brigue & mes desseins.
La Reine a vû cent fois mon sort entre ses mains ;
Et si sa politique avoit avec adresse
D'un Epoux amoureux menagé la tendresse ;

Cet ordre, cet Arrêt prononcé par son Roi,
Ce coup que je lui porte auroit tombé sur moi.
Mais son farouche orgueil a servi ma vengeance :
J'ai sçû mettre à profit sa fatale imprudence.
Elle a voulu se perdre, & je n'ai fait enfin
Que lui lancer les traits qu'a préparez sa main.

   Tu te souviens assez de ce temps plein d'allarmes,
Lorsqu'un bruit si funeste à l'espoir de nos armes,
Apprit à l'Orient, étonné de son sort,
Qu'Auguste étoit vainqueur, & qu'Antoine étoit mort.
Tu sçais comme à ce bruit nos Peuples se troublerent.
De l'Orient vaincu les Monarques tremblerent.
Mon Frere enveloppé dans ce commun malheur,
Crut perdre sa couronne avec son Protecteur.
Il fallut, sans s'armer d'une inutile audace,
Au Vainqueur de la Terre aller demander grace.
Rappelle en ton esprit ce jour infortuné ;
Songe à quel desespoir Herode abandonné,
Vit son Epouse altiere abhorrant ses approches,
Détestant ses adieux, l'accablant de reproches,
Redemander encor en ce moment cruel,
Et le sang de son Frere, & le sang paternel.

Herode auprès de moi vint déplorer sa peine :
Je saisis cet instant précieux à ma haine :
Dans son cœur déchiré je repris mon pouvoir ;
J'enflâmai son courroux, j'aigris son desespoir,
J'empoisonnai le trait dont il sentoit l'atteinte ;
Tu le vis plein de trouble & d'horreur & de crainte,
Jurer d'exterminer les restes dangereux
D'un Sang toûjours trop cher aux perfides Hébreux ;
Et dès ce même instant sa facile colere,
Déshérita les Fils, & condamna la Mere.
    Mais sa fureur encor flatoit peu mes souhaits.
L'amour qui la causoit en repoussoit les traits ;
De ce fatal objet telle étoit la puissance ;
Un regard de l'ingrate arrêtoit sa vengeance.
Je pressai son départ, il partit. Et depuis
Mes lettres chaque jour ont nourri ses ennuis.
Ne voïant plus la Reine, il vit mieux son outrage ;
Il eût honte en secret de son peu de courage :
De moment en moment ses yeux se font ouverts ;
J'ai levé le bandeau qui les avoit couverts :
Zarès étudiant le moment favorable,
A peint à son esprit cette Reine implacable,

Son crédit, ses amis, ces Juifs séditieux,
Du sang Asmonéen partisans factieux,
J'ai fait plus, j'ai moi-même armé sa jalousie.
Il a craint pour sa gloire, il a craint pour sa vie.
Tu sçais que dès long-temps en butte aux trahisons,
Son cœur de toutes parts est ouvert aux soupçons,
Il croît ce qu'il redoute, & dans sa défiance
Il confond quelquefois le crime & l'innocence.
Enfin j'ai sçû fixer son courroux incertain,
Il a signé l'Arrêt, & j'ai conduit sa main.

MAZAEL.

Il n'en faut point douter, ce coup est nécessaire,
Mais avez-vous prévû si ce Prêteur austere,
Qui, sous les loix d'Auguste, a remis cet Etat,
Verroit d'un œil tranquille un pareil attentat ?
Varus, vous le sçavez, est ici votre Maître.
En vain le peuple Hébreu prompt à vous reconnoître,
Tremble encor sous le poids de ce Trône ébranlé :
Votre pouvoir n'est rien si Rome n'a parlé.
Avant qu'en ce Palais, des mains de Varus même,
Votre Frere ait repris l'Autorité suprême,

Il ne peut fans blefler l'orgueil du nom Romain,
Dans fes Etats encor agir en Souverain.
Varus fouffrira-t'il que l'on ofe à fa vûë,
Immoler une Reine en fa garde reçûë ?
Je connois les Romains ; leur efprit irrité
Vengera le mépris de leur autorité.
Vous allez fur Herode attirer la tempête ;
Dans leurs fuperbes mains, la foudre eft toûjours prête.
Ces Vainqueurs foupçonneux font jaloux de leurs droits,
Et fur-tout leur orgüeil aime à punir les Rois.

S A L O M E.

Non, non, l'heureux Herode à Cefar a fçû plaire ;
Varus en eft inftruit, Varus le confidere.
Croïez-moi, ce Romain voudra le ménager ;
Mais quoiqu'il faffe enfin, fongeons à nous venger.
Je touche à ma grandeur, & je crains ma difgrace.
Demain, dès aujourd'hui, tout peut changer de face.
Qui fçait même, qui fçait, fi paffé ce moment,
Je pourrai fatisfaire à mon reffentiment !
Qui vous a répondu qu'Herode en fa colere,
D'un efprit fi conftant jufqu'au bout perfevere ?

Je connois sa tendresse, il la faut prévenir,
Et ne lui point laisser le temps du repentir.
Qu'après Rome menace, & que Varus foudroïe,
Leur courroux passager troublera peu ma joïe.
Mes plus grands ennemis ne sont pas les Romains.
Mariamne en ces lieux est tout ce que je crains.
Il faut que je perisse, ou que je la prévienne,
Et si je n'ai sa tête, elle obtiendra la mienne.
Mais Varus vient à nous ; il le faut éviter.
Zarès à mes regards devoit se presenter.
Je vais l'attendre, allez, & qu'aux moindres allarmes
Mes Soldats en secret puissent prendre les Armes.

SCENE II.

VARUS, ALBIN, MAZAEL,
Suite de Varus.

VARUS.

SAlome & Mazael semblent füir devant moi.
Dans leurs yeux étonnez, je lis leur juste effroi :

Le crime à mes regards doit craindre de paroître.

Mazael , demeurez : Mandez à votre Maître ,

Que fes cruels deffeins font déja découverts :

Que fon Miniſtre infâme eſt ici dans les fers ;

Et que Varus peut être au milieu des fupplices ,

Eût dû faire expirer ce monſtre . . . & fes complices.

Mais je reſpecte Herode affez pour me flater ,

Qu'il connoîtra le piege où on veut l'arrêter ,

Qu'un jour il punira les traîtres qui l'abuſent ,

Et vengera fur eux la vertu qu'ils accuſent.

Vous , ſi vous m'en croïez , pour lui , pour fon honneur

Calmez de fes chagrins la honteuſe fureur ;

Ne l'empoiſonnez plus de vos lâches maximes :

Songez que les Romains font les vengeurs des crimes ,

Que Varus vous connoît, qu'il commande en ces lieux ;

Et que fur vos complots il ouvrira les yeux.

Allez , que Mariamne en Reine foit fervie ;

Et reſpectez fes loix ſi vous aimez la vie.

MAZAEL.

Seigneur . . .

VARUS.

Vous entendez mes ordres abſolus,
Obéïſſez, vous dis-je, & ne repliquez plus.

SCENE III.

VARUS, ALBIN.

VARUS.

AInſi donc ſans tes ſoins, ſans ton avis fidele
Mariamne expiroit ſous cette main cruelle ?

ALBIN.

Le retour de Zarès n'étoit que trop ſuſpect ;
Le ſoin miſterieux d'éviter vôtre aſpect,
Son trouble, ſon effroi fut mon premier indice.

VARUS.

Que ne te dois-je point pour un ſi grand ſervice !
C'eſt par toi qu'elle vit : c'eſt par toi que mon cœur
A goûté, cher Albin, ce ſolide bonheur,
Ce bien ſi précieux pour un cœur magnanime,
D'avoir pû ſecourir la vertu qu'on opprime.

ALBIN.

Je reconnois Varus à ces soins genereux,
Votre bras fut toûjours l'appui des malheureux.
Quand de Rome en vos mains vous portiez le Tonnere,
Vous étiez occupé du bonheur de la Terre.
Puissiez-vous seulement écouter en ce jour,
Votre noble pitié plûtôt que votre amour.

VARUS.

Ah ! faut-il donc l'aimer pour prendre sa défense ?
Qui n'auroit comme moi chéri son innocence ?
Quel cœur indifferent n'iroit à son secours ?
Et qui pour la sauver n'eût prodigué ses jours ?

ALBIN.

Ainsi l'amour trompeur dont vous sentez la flâme,
Se déguise en vertu pour mieux vaincre votre ame ;
Et ce feu malheureux . . .

VARUS.

                              Je ne m'en défends pas.
L'infortuné Varus adore ses appas.
Je l'aime, il est trop vrai, mon ame toute nuë,
Ne craint point, cher Albin, de paroître à ta vûë :

Juge si son péril a dû troubler mon cœur !

Moi qui borne à jamais mes vœux à son bonheur ;

Moi qui rechercherois la mort la plus affreuse,

Si ma mort un moment pouvoit la rendre heureuse.

ALBIN.

Seigneur, que dans ces lieux ce grand cœur est changé !

Qu'il venge bien l'amour qu'il avoit outragé !

Je ne reconnois plus ce Romain si severe,

Qui parmi tant d'objets empressez à lui plaire ;

N'a jamais abaissé ses superbes regards,

Sur ces beautez que Rome enferme en ses Remparts.

VARUS.

Ne t'en étonne point ; tu sçais que mon courage

A la seule vertu réserva son hommage.

Dans nos murs corrompus ces coupables beautez ;

Offroient de vains attraits à mes yeux révoltez.

Je fuïois leurs complots, leurs brigues éternelles ;

Leurs amours passagers, leurs vengeances cruelles.

Je voïois leur orgueil accru du déshonneur,

Se montrer triomphant sur leur front sans pudeur.

L'altiere ambition, l'interêt, l'artifice;

La folle vanité, le frivole caprice,

Chez les Romains féduits prenans le nom d'amour;

Gouverner Rome entiere, & regner tour à tour:

J'abhorrois, il eft vrai, leur indigne conquête,

A leur joug odieux je dérobois ma tête;

L'amour dans l'Orient fut enfin mon vainqueur:

De la trifte Syrie établi Gouverneur;

J'arrivai dans ces lieux, quand le droit de la Guerre;

Eût au pouvoir d'Augufte abandonné la Terre;

Et qu'Herode à fes pieds au milieu de cent Rois,

De fon fort incertain vint attendre des loix.

Lieu funefte à mon cœur! malheureufe contrée!

C'eft là que Mariamne à mes yeux s'eft montrée:

L'Univers étoit plein du bruit de fes malheurs.

Son parricide Epoux faifoit couler fes pleurs.

Ce Roi fi redoutable au refte de l'Afie,

Fameux par fes Exploits & par fa jaloufie,

Prudent, mais foupçonneux, vaillant, mais inhumain,

Au fang de fon beau-pere avoit trempé fa main.

Sur ce Trône fanglant il laiffoit en partage

A la fille des Rois la honte & l'efclavage.

Du

Du fort qui la pourfuit tu connois la rigueur.

Sa vertu, cher Albin, furpaffe fon malheur.

Loin de la Cour des Rois la verité profcrite,

L'aimable verité fur fes levres habite.

Son unique artifice eft le foin genereux,

D'affûrer des fecours aux jours des malheureux.

Son devoir eft fa loi, fa tranquille innocence

Pardonne à fes Tyrans, méprife fa vengeance,

Et près d'Augufte encore implore mon appui,

Pour ce barbare Epoux qui l'immole aujourd'hui.

  Tant de vertus enfin, de malheurs & de charmes,

Contre ma liberté font de trop fortes armes.

Je l'aime, cher Albin, mais non d'un fol amour,

Que le caprice enfante & détruit en un jour :

Non d'une paffion que mon ame troublée

Reçoive avidement par l'efpoir aveuglée.

Ce cœur qu'elle a vaincu fans l'avoir amoli,

Par un amour honteux ne s'eft point avili.

Et plein du noble feu que fa vertu m'infpire,

Je prétends la venger & non pas la féduire.

B

ALBIN.

Mais fi le Roi, Seigneur, a fléchi les Romains,
S'il rentre en fes Etats ...

VARUS.

Et c'eft ce que je crains.

Hélas ! près du Senat je l'ai fervi moi-même.
Sans doute il a déja reçû fon diadême !
Et cet indigne Arrêt que fa bouche a dicté,
Eft le premier effai de fon autorité.
Ah ! fon retour ici lui peut être funefte.
Mon pouvoir va finir, mais mon amour me refte.
Reine pour vous deffendre on me verra perir.
L'Univers doit vous plaindre, & je dois vous fervir.

Fin du premier Acte.

ACTE II.

✱✱✱✱✱✱✱ ✱✱✱✱✱✱✱✱✱✱✱✱✱✱✱✱✱✱✱✱

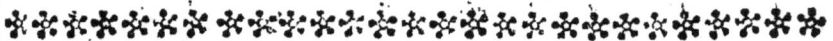

SCENE PREMIERE.

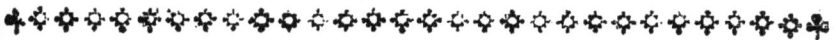

✥✥✥✥✥✥✥✥✥✥✥✥✥✥✥✥✥✥✥✥✥✥✥✥✥✥✥

SALOME, MAZAEL

SALOME.

Nfin vous le voïez, ma haine eſt confonduë.

Mariamne triomphe, & Salome eſt perduë.

Zarès fut ſur les eaux trop long-temps arrêté ;

La Mer alors tranquille à regret l'a porté.

Mais Herode en partant pour ſon nouvel empire,

Revôle avec les vents vers l'objet qui l'attire.

B ij

Et les Mers & l'amour , & Varus & le Roi ;

Le Ciel , les Elemens , font armez contre moi.

Fatale ambition que j'ai trop écoutée ,

Dans quel abîme affreux m'as-tu précipitée !

Je vous l'avois bien dit , que dans le fonds du cœur

Le Roi fe repentoit de fa jufte rigueur.

De fon fatal penchant l'afcendant ordinaire ,

A révoqué l'Arrêt dicté dans fa colere.

J'en ai déja reçû les funeftes avis.

Et Zarès à fon Roi renvoïé par mépris ,

Ne me laiffe en ces lieux qu'une douleur fterile ,

Qu'un opprobre éternel , & qu'un crime inutile.

Déja de ma Rivale adorant la faveur ,

Le Peuple à ma difgrace infulte avec fureur.

Je verrai tout plier fous fa grandeur nouvelle ,

Et mes foibles honneurs éclipfez devant elle.

Mais c'eft peu que fa gloire irrite mon dépit ;

Ma mort va fignaler ma chûte & fon crédit.

Je ne me flatte point : je fçais comme en fa place

De tous mes ennemis je confondrois l'audace.

Ce n'eft qu'en me perdant qu'elle pourra regner ;

Et fon jufte courroux ne doit point m'épargner.

Cependant ! ô crainte ! ô comble d'infamie !

Il faut donc qu'à ses yeux ma fierté s'humilie !

Je viens avec respect essuïer ses hauteurs,

Et la feliciter sur mes propres malheurs.

MAZAEL.

Contre elle encore, Madame, il vous reste des armes.

J'ai toûjours redouté le pouvoir de ses charmes :

J'ai toûjours craint du Roi les sentimens secrets.

Mais si je m'en rapporte aux avis de Zarès,

La colere d'Herode autrefois peu durable,

Est enfin devenuë une haine implacable.

Il déteste la Reine, il a juré sa mort :

Et s'il suspend le coup qui terminoit son sort,

C'est qu'il veut ménager sa nouvelle puissance :

Et lui-même en ces lieux assûrer sa vengeance.

Mais soit qu'enfin son cœur en ce funeste jour,

Soit aigri par la haine, ou fléchi par l'amour,

C'est assez qu'une fois il ait proscrit sa tête.

Mariamne aisément grossira la tempête :

La foudre gronde encor : un Arrêt si cruel,

Va mettre entr'eux, Madame, un divorce éternel.

Vous verrez Mariamne à soi-même inhumaine,

Forcer le cœur d'Herode à ranimer sa haine ;

Irriter son Epoux par de nouveaux dédains,

Et vous rendre les traits qui tombent de vos mains.

De sa perte en un mot, reposez-vous sur elle.

SALOME.

Non, cette incertitude est pour moi trop cruelle.

Non, c'est par d'autres coups que je veux la frapper :

Dans un piege plus sûr, il faut l'envelopper.

Contre mes ennemis mon interêt m'éclaire.

Si j'ai bien de Varus observé la colere ;

Ce transport violent de son cœur agité,

N'est point un simple effet de generosité.

La tranquille pitié n'a point ce caractere.

La Reine a des appas, Varus a pû lui plaire.

Ce n'est pas que mon cœur injuste en son dépit,

Dispute à sa beauté cet éclat qui la suit :

Que j'envie à ses yeux le pouvoir de leurs armes,

Ni ce flateur encens qu'on prodigue à ses charmes.

Quelle goûte à loisir ce dangereux bonheur.

Moi, je veux de mon Roi partager la grandeur,

Je veux qu'à mon parti la Cour se réünisse ,
Que sous mes volontez tout tremble , tout fléchisse ;
Voilà mes interêts & mes vœux assidus.

Vous , observez la Reine , éxaminez Varus ,
Faites veiller sur eux les regards mercenaires ,
De tous ces délateurs aujourd'hui nécessaires ,
Qui vendent les secrets de leurs Concitoyens ,
Et dont cent fois les yeux ont éclairé les miens.
Mais , la voici. Pourquoi faut-il que je la voïe !

SCENE II.

MARIAMNE, ELIZE, SALOME,

MAZAEL, NABAL.

SALOME.

JE viens auprès de vous partager votre joïe ;
Rome me rend un Frere , & vous rend un Epoux ,
Couronné , tout-puissant , & digne enfin de vous.

Son amour méprisé, son trop de défiance,
Avoit contre vos jours allumé sa vengeance.
Mais ce feu violent s'est bien-tôt consumé.
L'amour arma son bras, l'amour l'a desarmé.
Ses triomphes passez, ceux qu'il prépare encore,
Ce titre heureux de grand, dont l'Univers l'honore,
Les droits du Senat même à ses soins confiez,
Sont autant de presens qu'il va mettre à vos pieds.
Possedez désormais son ame & son empire :
C'est ce qu'à vos vertus mon amitié desire.
Et je vais par mes soins serrer l'heureux lien,
Qui doit joindre à jamais votre cœur & le sien.

MARIAMNE.

Je ne prétends de vous, ni n'attends ce service.
Je vous connois, Madame, & je vous rends justice.
Je sçai par quels complots, je sçai par quels détours,
Votre haine impuissante a poursuivi mes jours.
Jugeant de moi par vous, vous me craignez, peut-être
Mais vous deviez du moins apprendre à me connoître.
Ne me redoutez point ; je sçais également
Dédaigner votre crime, & votre châtiment.

J'ai vû tous vos defleins, & je vous les pardonne.

C'eft à vos feuls remords que je vous abandonne :

Si toutefois après de fi lâches efforts ,

Un cœur comme le vôtre écoute des remords.

SALOME.

Je n'ai point merité cette injufte colere.

Ma conduite , mes foins , & l'aveu de mon Frere ,

Contre tous vos foupçons vont me juftifier

MARIAMNE.

Je vous l'ai déja dit , je veux tout oublier ,

Dans l'état où je fuis , c'eft affez pour ma gloire :

Je puis vous pardonner , mais je ne puis vous croire.

MAZAEL.

J'ofe ici , grande Reine , attefter l'Eternel ,

Que mes foins à regret . . .

MARIAMNE.

Arrêtez , Mazael.

Vos excufes pour moi font un nouvel outrage.

Obéïffez au Roi , voilà votre partage.

A mes Tyrans vendu , fervez bien leur couroux ,

Je ne m'abaiffe pas à me plaindre de vous.

A Salome.

Je ne vous retiens point ; & vous pouvez , Madame ,
Aller apprendre au Roi les fecrets de mon ame.
Dans fon cœur aifément vous pouvez ranimer ,
Un couroux que mes yeux dédaignent de calmer.
De tous vos délateurs armez la calomnie ;
J'ai laiffé jufqu'ici leur audace impunie :
Et je n'oppofe encor à mes vils ennemis ,
Qu'une vertu fans tache , & qu'un jufte mépris.

M A Z A E L.

Quel orgueil !

S A L O M E.

Mazaël on pourra le confondre ,
Et c'eft en me vengeant que je dois lui répondre.

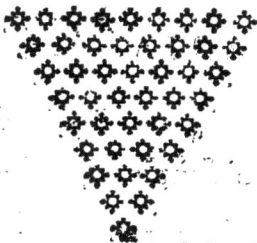

SCENE III.

MARIAMNE, ELIZE, NABAL.

ELIZE.

AH ! Madame , à ce point pouvez-vous irriter
Des Ennemis ardens à vous persecuter !
La vengeance d'Herode un moment suspenduë ,
Sur votre tête encor , est peut-être étenduë.
Et loin d'en détourner les redoutables coups ,
Vous appellez la mort qui s'éloignoit de vous.
Vous n'avez plus ici de bras qui vous appuïe.
Ce défenseur heureux de votre illustre vie ,
Varus, aux Nations qui bornent cet Etat ,
Ira porter bien-tôt les Ordres du Senat.
Hélas ! grace à ses soins , grace à vos bontez même ,
Rome à votre Tyran donne un pouvoir suprême :
Il revient plus terrible & plus fier que jamais ,
Vous le verrez armé de vos propres bienfaits :

Vous dépendrez ici de ce superbe Maître,

D'autant plus dangereux qu'il vous aime peut être ;

Et que cet amour même aigri par vos refus . . .

MARIAMNE.

Chere Elise en ces lieux faites venir Varus.

Je conçois vos raisons ; j'en demeure frapée :

Mais d'un autre interêt mon ame est occupée ;

Par de plus grands objets mes vœux sont attirez.

Que Varus vienne ici ; vous Nabal, demeurez.

SCENE IV.

MARIAMNE, NABAL.

MARIAMNE.

VOs vertus, votre zele, & votre experience,

Ont acquis dès long-temps toute ma confiance.

Mon cœur vous est connu, vous sçavez mes desseins,

Et les maux que j'éprouve, & les maux que je crains.

Vous avez vû ma Mere au desespoir réduite

Me presser en pleurant d'accompagner sa fuite.

Son esprit agité d'une juste terreur,
Croit à tous les momens voir Herode en fureur.
Encor tout dégoûtant du sang de sa Famille,
Venir à ses yeux-même assassiner sa Fille.
Elle veut que mes Fils portez entre nos bras,
S'éloignent avec nous de ces affreux Climats.
Les Vaisseaux des Romains, des bords de la Syrie,
Nous ouvrent sur les Eaux les chemins d'Italie.
J'attends tout de Varus, d'Auguste, des Romains.
Je sçai qu'il m'est permis de fuïr mes Assassins,
Que c'est le seul parti que le destin me laisse.
Toutefois en secret, soit vertu, soit foiblesse ;
Prête à fuïr un Epoux, mon cœur frémit d'effroi ;
Et mes pas chancelans s'arrêtent malgré-moi.

NABAL.

Cet effroi genereux n'a rien que je n'admire.
Tout injuste qu'il est, la vertu vous l'inspire.
Ce cœur indépendant des outrages du sort,
Craint l'ombre d'une faute, & ne craint point la mort.
Bannissez toutefois ces allarmes secretes.
Ouvrez les yeux, Madame, & voïez où vous êtes.

C'eſt là que répandu par les mains d'un Epoux ;

Le ſang de votre Pere a rejailli ſur vous.

Votre Frere en ſes lieux a vû trancher ſa vie:

Envain de ſon trépas le Roi ſe juſtifie ;

Envain Ceſar trompé l'en abſoût aujourd'hui ;

L'Orient révolté n'en accuſe que lui.

Regardez, conſultez les pleurs de votre Mere ,

L'affront fait à vos Fils , le ſang de votre Pere ,

La cruauté du Roi , la haine de ſa Sœur,

Et (ce que je ne puis prononcer ſans horreur ,

Mais dont votre vertu n'eſt point épouvantée,)

La mort en ce jour même à vos yeux preſentée:

Enfin ſi tant de maux ne vous étonnent pas ;

Si d'un front aſſûré vous marchez au trépas :

Du moins de vos Enfans embraſſez la défenſe.

Le Roi leur a du Trône arraché l'eſperance ,

Et vous connoiſſez trop ces Oracles affreux ,

Qui depuis ſi long-temps vous font trembler pour eux.

Le Ciel vour a prédit qu'une main étrangere ,

Devoit un jour unir vos Fils à votre Pere.

Un Arabe implacable a déja sans pitié,

De cet Oracle obscur accompli la moitié.

Madame après l'horreur d'un essai si funeste,

Sa cruauté, sans doute, accompliroit le reste.

Dans ses emportemens rien n'est sacré pour lui.

Eh! qui vous répondra que lui-même aujourd'hui,

Ne vienne executer sa sanglante menace,

Et des Asmonéens anéantir la race?

Il est temps désormais de prévenir ses coups:

Il est temps d'épargner un meurtre à votre Epoux;

Et d'éloigner du moins de ces tendres victimes,

Le fer de vos Tyrans, & l'éxemple des crimes.

Nourri dans ce Palais près des Rois vos Aïeux,

Je suis prêt à vous suivre en tout temps, en tous lieux.

Partez, rompez vos fers, allez dans Rome même,

Implorer du Senat la justice suprême,

Remettre de vos Fils la fortune en sa main,

Et les faire adopter par le Peuple Romain.

Qu'une vertu si pure aille étonner Auguste.

Si l'on vante à bon droit son regne heureux & juste,

Si la Terre avec joïe embraffe fes genoux,
S'il mérite fa gloire, il fera tout pour vous.

MARIAMNE.

Je vois qu'il n'eft plus temps que mon cœur délibere ;
Je cede à vos confeils, aux larmes de ma Mere :
Au danger de mes Fils, au fort, dont les rigueurs
Vont m'entraîner, peut-être, en de plus grands mal-
　heurs.
Retournez chez ma Mere, allez ; quand la nuit fombre,
Dans ces lieux criminels aura porté fon ombre ;
Qu'au fond de mon Palais, on me vienne avertir.
On le veut, il le faut ; je fuis prête à partir.

SCENE V.

MARIAMNE, VARUS, ELISE.

VARUS.

JE viens m'offrir, Madame, à vos ordres fuprêmes.
Vos volontez, pour moi, font les loix des Dieux
　mêmes.

Faut-il

Faut-il armer mon bras contre vos ennemis ?
Commandez , j'entreprens ; parlez & j'obéïs.

MARIAMNE.

Je vous dois tout , Seigneur , & dans mon infortune ,
Ma douleur ne craint point de vous être importune ,
Ni de folliciter par d'inutiles vœux ,
Les bontez d'un Héros , l'appui des malheureux.

Lorfqu'Herode attendoit le Trône ou l'efclavage ,
J'ofai long-temps pour lui briguer votre fuffrage.
Malgré fes cruautez , malgré mon defefpoir ,
Malgré mes interêts , j'ai fuivi mon devoir.
J'ai fervi mon Epoux ; je le ferois encore.
Souffrez que pour moi-même enfin je vous implore.
Souffrez que je dérobe à d'inhumaines loix ,
Les reftes malheureux du pur fang de nos Rois.
J'aurois dû dès long-temps , loin d'un lieu fi coupable ,
Demander au Senat un azile honorable.
Mais , Seigneur , je n'ai pû dans les troubles divers ,
Dont vos divifions ont rempli l'Univers ,
Chercher parmi l'effroi , la Guerre & les ravages ,
Un Port aux mêmes lieux d'où partoient les Orages.

C

Auguſte, au monde entier donne aujourd'hui la paix.

Sur toute la nature il répand ſes bien-faits.

Après les longs travaux d'une Guerre odieuſe,

Aïant vaincu la Terre, il veut la rendre heureuſe.

Du haut du Capitole il juge tous les Rois :

Et de ceux qu'on opprime il prend en main les droits.

Qui peut à ſes bontez plus juſtement pretendre,

Que mes foibles Enfans que rien ne peut défendre,

Et qu'une Mere en pleurs amene auprès de lui,

Du bout de l'Univers implorer ſon appui ?

Loin de ces lieux ſanglants que le crime environne,

Je mettrai leur enfance à l'ombre de ſon Trône.

Ses genereuſes mains pourront ſecher nos pleurs.

Je ne demande point qu'il venge mes malheurs,

Que ſur mes Ennemis ſon bras s'appéſantiſſe.

C'eſt aſſez que mes Fils, témoins de ſa juſtice,

Formez par ſon éxemple, & devenus Romains,

Apprennent à regner des Maîtres des Humains.

Pour conſerver les Fils, pour conſoler la Mere,

Pour finir tous mes maux, c'eſt en vous que j'eſpere.

Je m'adreſſe à vous ſeul, à vous, à ce grand cœur,

De la ſimple vertu, genereux Protecteur;

A vous, à qui je dois ce jour que je reſpire.

Seigneur, éloignez-moi de ce fatal Empire.

Donnez-moi dans la nuit des guides aſſûrez,

Juſques ſur vos Vaiſſeaux dans Sidon préparez.

Vous ne répondez rien. Que faut-il que je penſe ?

De ces ſombres regards, & de ce long ſilence ?

Je vois que mes malheurs excitent vos refus.

V A R U S.

Non, ... je reſpecte trop vos ordres abſolus.

Mes Gardes vous ſuivront juſques dans l'Italie.

Diſpoſez d'eux, de moi, de mon cœur, de ma vie.

Fuïez le Roi. Rompez vos nœuds infortunez.

Il eſt aſſez puni ſi vous l'abandonnez.

Il ne vous verra plus, grace à ſon injuſtice :

Et je ſens qu'il n'eſt point de ſi cruel ſuplice . . .

Pardonnez-moi ce mot : il m'échape à regret.

La douleur de vous perdre a trahi mon ſecret.

Tout mon crime eſt connu. Mais malgré ma foibleſſe,

Songez que mon reſpect égale ma tendreſſe.

Le malheureux Varus ne veut que vous servir,
Adorer vos vertus , vous venger & mourir.

MARIAMNE.

Je me flatois , Seigneur , & j'avois lieu de croire ,
Qu'avec mes interêts vous cherissiez ma gloire.
Et quand le grand Varus a conservé mes jours ,
J'ai crû qu'à sa pitié je devois son secours.
Je ne m'attendois pas que vous dussiez vous même ,
Mettre aujourd'hui le comble à ma douleur extrême :
Ni que dans mes périls , il me falût jamais ,
Rougir de vos bontez , & craindre vos bienfaits.
Ne pensez pas pourtant , qu'un discours qui m'offense ,
Vous ait rien dérobé de ma reconnuossance.
Ma constante amitié respecte encor Varus.
J'oublirai votre flâme , & non pas vos vertus.
Je ne veux voir en vous qu'un Heros magnanime ,
Qui jusqu'à ce moment mérita mon estime.
Un plus long entretien pourroit vous en priver ,
Seigneur ; & je vous fiis pour vous la conserver.

SCENE VI.
VARUS, ALBIN.
ALBIN.

VOus vous troublez, Seigneur, & changez de vi-
 sage.

VARUS.

J'ai senti, je l'avouë, ébranler mon courage.

Ami, pardonne au feu, dont je suis consumé,

Ces foiblesses d'un cœur, qui n'avoit point aimé.

Je ne connoissois pas tout le poids de ma chaîne.

Je la sens à regret ; je la romps avec peine.

Avec quelle douceur, avec quelle bonté,

Elle imposoit silence à ma témérité !

Sans trouble & sans courroux, sa tranquille sagesse

M'apprenoit mon devoir, & plaignoit ma foiblesse.

J'adorois, cher Albin, jusques à ses refus.

J'ai perdu l'espérance ; & je l'aime encor plus.

A quelle épreuve, ô Dieux ! ma constance est réduite !

ALBIN.

Etes-vous résolu de préparer sa fuite ?

C iij

VARUS.

Quel emploi !

ALBIN.

Pourrez-vous respecter ses rigueurs,
Jusques à vous charger du soin de vos malheurs ?
Quel est vôtre dessein ?

VARUS.

Moi, que je l'abandonne ?
Que je désobéïsse aux loix qu'elle me donne ?
Non, non, mon cœur encor est trop digne du sien.
Mariamne a parlé, je n'éxamine rien.
Que loin de ses Tyrans, elle aille auprès d'Auguste,
Sa fuite est raisonnable & ma douleur injuste.
L'amour me parle en vain, je vôle à mon devoir.
Je servirai la Reine, & même sans la voir.
Elle me laisse, au moins, la douceur éternelle,
D'avoir tout entrepris, d'avoir tout fait pour elle.
Je brise ses liens ; je lui sauve le jour.
Je fais plus. Je lui veux immoler mon amour.
Et fuiant sa beauté, qui me séduit encore,
Egaler, s'il se peut, sa vertu que j'adore.

Fin du second Acte.

ACTE III.

SCENE PREMIERE.

VARUS, NABAL, ALBIN,
Suite de Varus.

NABAL.

Ui, Seigneur, en ces lieux l'heureux Herode arrive,

Les Hebreux pour le voir ont volé sur la
Rive.

Salome qui craignoit de perdre son crédit,

Par ses conseils flateurs assiege son esprit.

C iiij

Ses Courtifans en foule au tour de lui fe rendent :

Les palmes dans les mains, nos Pontifes l'attendent.

Idamas le devance, & député vers vous,

Il vient au nom d'Herode embraffer vos genoux,

C'eft ce même Idamas, cet Hebreu plein de zele,

Qui toûjours à la Reine eft demeuré fidele :

Qui fage Courtifan d'un Roi plein de fureur,

A quelquefois d'Herode adouci la rigueur :

Bientôt vous l'entendrez. Cependant Mariamne

Au moment de partir s'arrête, fe condamne ;

Ce grand projet l'étonne, & prête à le tenter,

Son auftere vertu craint de l'executer.

Sa Mere eft à fes pieds, & le cœur plein d'allarmes,

Lui prefente fes Fils, la baigne de fes larmes :

La conjure en tremblant de preffer fon départ :

La Reine flotte, héfite, & partira trop tard.

C'eft vous dont la bonté peut hâter fa fortie,

Vous avez dans vos mains la fortune & la vie

De l'objet le plus rare, & le plus précieux,

Que jamais à la Terre aïent accordé les Cieux.

Protegez, confervez une augufte Famille ;

Sauvez de tant de Rois la déplorable Fille.

Vos Gardes font-ils prêts ? Puis-je enfin l'avertir ?

VARUS.

Oüi, j'ai tout ordonné ; la Reine peut partir.

NABAL.

Souffrez donc qu'à l'inftant un Serviteur fidele,
Se prépare, Seigneur, à marcher après elle.

VARUS.

Allez ; fur mes Vaiffeaux accompagnez fes pas.

Ce féjour odieux ne la méritoit pas.

Qu'un dépôt fi facré foit refpecté des Ondes ;

Que le Ciel attendri par fes douleurs profondes,
Faffe lever fur elle un foleil plus ferein.

Et vous, Vieillard heureux, qui fuivez fon deftin,
Des Serviteurs des Rois, fage & parfait modele,
Votre fort eft trop beau ; vous vivrez auprès d'elle.

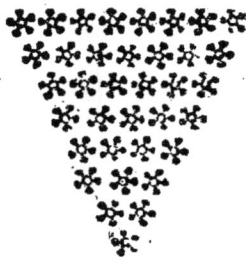

SCÈNE II.

VARUS, ALBIN,
Suite de Varus.

VARUS.

MAis déja le Roi vient. Déja dans ce féjour,
Le fon de la trompette annonce fon retour.
Quel retour, juftes Dieux ! Que je crains fa préfence !
Le cruel peut d'un coup affûrer fa vengeance.
Plût au Ciel que la Reine eût déja pour jamais,
Abandonné ces lieux confacrez aux forfaits !
Hélas ! je ne puis même accompagner fa fuite,
Plus je l'adore, (& plus il faut que je l'évite.)
C'eft un crime pour moi d'ofer fuivre fes pas.
Et tout ce que je puis … mais je vois Idamas.

SCENE III.

VARUS, IDAMAS, ALBIN.

Suite de Varus.

IDAMAS.

AVant que dans ces lieux mon Roi vienne lui-même
Recevoir de vos mains le sacré Diadême,
Et vous soûmettre un rang, qu'il doit à vos bontez ;
Seigneur, souffrirez-vous ?...

VARUS.

Idamas, arrêtez.
Le Roi peut s'épargner ces frivoles hommages,
De l'amitié des Grands, importuns témoignages,
D'un Peuple curieux trompeur amusement,
Qu'on étale avec pompe, & que le cœur dément.
Mais parlez ; Rome, enfin, vient de vous rendre un
  Maître,
Herode est Souverain, est-il digne de l'être ?

La Reine en ce moment, eſt-elle en ſûreté ?
Et le ſang innocent ſera-t'il reſpecté ?

I D A M A S.

Veüille le juſte Ciel , formidable au parjure ,
Ouvrir les yeux du Roi , qu'aveugle l'impoſture.
Mais qui peut pénétrer ſes ſecrets ſentimens ,
Et de ſon cœur troublé les ſoudains mouvemens ?
Il obſerve avec nous un ſilence farouche.
Le nom de Mariamne échape de ſa bouche.
Il menace, il ſoûpire , il donne en frémiſſant ,
Quelques ordres ſecrets , qu'il révoque à l'inſtant.
D'un ſang qu'il déteſtoit , Mariamne eſt formée ;
Il la haït d'autant plus qu'il l'avoit trop aimée.
Le perfide Zarès par vôtre ordre arrêté ,
Et par vôtre ordre enfin remis en liberté ,
Artiſan de la fraude , & de la calomnie ,
De Salome , avec ſoin , ſervira la furie.
Mazaël en ſecret leur prête ſon ſecours.
Le ſoupçonneux Herode écoute leurs diſcours ;
Ils l'aſſiégent ſans ceſſe ; & leur haine attentive
Tient toûjours loin de lui la verité captive.

Ainſi ce Conquérant, qui fît trembler les Rois,
Ce Roi, dont Rome même admira les Exploits,
De qui la Renommée allarme encore l'Aſie,
Dans ſa propre Maiſon voit ſa gloire avilie :
Haï de ſon Epouſe, abuſé par ſa Sœur,
Déchiré de ſoupçons, accablé de douleur,
J'ignore en ce moment le deſſein qui l'entraîne.
Mais je le plains, Seigneur, & crains tout pour la Reine ;
Daignez la proteger.

V A R U S.

Il ſuffit, Idamas.
La Reine eſt en danger ; Albin, ſuivez mes pas,
Venez ; c'eſt à moi ſeul de ſauver l'innocence.

I D A M A S.

Seigneur, ainſi, du Roi vous füirez la preſence ?

V A R U S.

Je ſçai qu'en ce Palais je dois le recevoir,
Le Senat me l'ordonne, & tel eſt mon devoir :
Mais un autre interêt, un autre ſoin m'anime ;
Et mon premier devoir eſt d'empêcher le crime.

Il ſort.

IDAMAS.

Quels orages nouveaux ! quel trouble je prévoi !
Puiſſant Dieu des Hébreux, changez le cœur du Roi.

SCENE IV.

HERODE, MAZAEL, IDAMAS,

Suite d'Herode.

HERODE.

EH quoi ! Varus auſſi ſemble éviter ma vûë !
Quelle horreur devant moi s'eſt par tout répanduë !
Ciel ! ne puis-je inſpirer que la haine, ou l'effroi ?
Tous les cœurs des Humains ſont-ils fermez pour moi ?
En horreur à la Reine, à mon Peuple, à moi-même,
A regret ſur mon front je vois le Diadême.
Herode en arrivant, recüeille avec terreur,
Les chagrins dévorans qu'a ſemez ſa fureur.
Ah Dieu !

MAZAEL.

Daignez calmer ces injustes allarmes.

HERODE.

Malheureux qu'ai-je fait ?

MAZAEL.

Quoi ! vous versez des larmes ?
Vous, ce Roi fortuné, si sage en ses desseins,
Vous, la terreur du Parthe, & l'ami des Romains ?
Songez, Seigneur, songez, à ces noms pleins de gloire,
Que vous donnoient jadis Antoine & la Victoire.
Songez que près d'Auguste, appellé par son choix,
Vous marchiez, distingué de la foule des Rois.
Revoïez à vos loix Jerusalem renduë,
Jadis par vous conquise, & par vous défenduë
Reprenant aujourd'hui sa premiere splendeur,
Et contemplant son Prince, au faîte du bonheur.
Jamais Roi plus heureux dans la Paix, dans la Guerre . . .

HERODE.

Non, il n'est plus pour moi de bonheur sur la Terre.
Le destin m'a frappé de ses plus rudes coups ;
Et pour comble d'horreurs, je les mérite tous.

IDAMAS.

Seigneur, m'eſt-il permis de parler ſans contrainte ?
Ce Thrône auguſte & ſaint qu'environne la crainte,
Seroit mieux affermi s'il l'étoit par l'amour.
En faiſant des heureux, un Roi l'eſt a ſon tour,
A d'éternels chagrins votre ame abandonnée,
Pourroit tarir d'un mot leur ſource empoiſonnée.
Seigneur, ne ſouffrez plus que d'indignes diſcours,
Oſent troubler la paix, & l'honneur de vos jours ;
Ni que de vils flateurs écartent de leur Maître,
Des cœurs infortunez qui vous cherchoient peut-être.
Bien-tôt de vos vertus, tout Iſraël charmé ...

HERODE.

Eh ! croïez-vous encor que je puiſſe être aimé ?

MAZAEL.

Seigneur, à vos deſſeins Zarès toûjours fidele,
Renvoïé près de vous, & plein du même zele,
De la part de Salome attend pour vous parler.

HERODE.

Quoi ! tous deux ſans relâche, ils veulent m'accabler !
Que jamais devant moi ce monſtre ne paroiſſe.
Je l'ai trop écouté.... Sortez tous ; qu'on me laiſſe.

Ciel ! qui pourra calmer un trouble si cruel ? . . .
Demeurez Idamas , demeurez Mazaël.

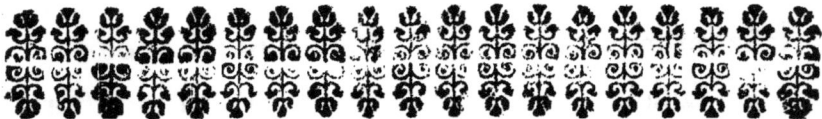

SCENE V.

HERODE, MAZAEL, IDAMAS.

HERODE.

EH bien ! voilà ce Roi si fier & si terrible ;
Ce Roi dont on craignoit le courage infléxible ;
Qui sçût vaincre , & regner : qui sçût briser ses fers ;
Et dont la politique étonna l'Univers.
Qu'Herode est aujourd'hui different de lui-même !

MAZAEL.

Tout adore à l'envi votre grandeur suprême.

IDAMAS.

Un seul cœur vous résiste , & l'on peut le gagner.

HERODE.

Non , je suis un barbare , indigne de regner.

D

IDAMAS.

Votre douleur est juste, & si pour Mariamne...

HERODE.

Et c'est ce nom fatal, hélas! qui me condamne;
C'est ce nom qui reproche à mon cœur agité,
L'excès de ma foiblesse, & de ma cruauté.

MAZAEL.

Seigneur votre clémence augmente encor sa haine.
Elle fuit votre vûë.

HERODE.

Ah! j'ai cherché la sienne.

MAZAEL.

Qui, vous, Seigneur?

HERODE.

Eh quoi! mes transports furieux,
Ces pleurs, que mes remords arrachent de mes yeux,
Ce changement soudain, cette douleur mortelle,
Tout ne te dit-il pas que je viens d'auprès d'elle?
Toûjours troublé, toûjours plein de haine &d'amour,
J'ai trompé, pour la voir, une importune Cour.

Quelle entrevûë ! ô Cieux ! quels combats ! quel supplice !

Dans ses yeux indignez , j'ai lû mon injustice.

Ses regards inquiets n'osoient tomber sur moi ;

Et tout , jusqu'à mes pleurs , augmentoit son effroi.

MAZAEL.

Seigneur , vous le voïez , sa haine envenimée ;

Jamais par vos bontez ne sera désarmée.

Vos respects dangereux nourrissent sa fierté.

HERODE.

Elle me hait ! ah Dieu ! je l'ai trop merité.

Je lui pardonne , hélas ! dans le sort qui l'accable ,

De haïr à ce point un Epoux si coupable.

MAZAEL.

Vous , coupable ? eh ! Seigneur , pouvez-vous oublier

Ce que la Reine a fait, pour vous justifier ?

Ses mépris outrageans , sa superbe colere,

Ses desseins contre vous, les complots de son Pere ?

Le sang qui la forma , fut un sang ennemi.

Le dangereux Hircan vous eût toûjours trahi :

　　　　　　　D ij

Et des Aſmonéens la brigue étoit ſi forte ,

Que ſans un coup d'Etat vous n'auriez pû …

HERODE.

N'importe.

Hircan étoit ſon pere ; il falloit l'épargner.

Mais je n'écoutai rien que la ſoif de regner.

Ma politique affreuſe a perdu ſa famille.

J'ai fait périr le Pere ; & j'ai proſcrit la Fille :

J'ai voulu la haïr ; j'ai trop ſçû l'opprimer.

Le Ciel pour m'en punir , me condamne à l'aimer.

Mes rigueurs , ſes chagrins ; la perte de ſon pere ,

Les maux que je lui fais me la rendent plus chere.

Si ſon cœur , … ſi ſa foi , … mais c'eſt trop differer.

Idamas , en un mot , je veux tout réparer.

Va la trouver ; dis-lui que mon ame aſſervie ,

Met à ſes pieds mon Trône , & ma gloire & ma vie.

Je veux dans ſes Enfans choiſir un Succeſſeur.

Des maux qu'elle a ſoufferts , elle accuſe ma Sœur :

C'en eſt aſſez. Ma Sœur , aujourd'hui renvoïée ,

A ce cher interêt ſera ſacrifiée.

Je laiſſe à Mariamne un pouvoir abſolu.

MAZAEL.

Quoi ! Seigneur, vous voulez...

HERODE.

Oüi, je l'ai réfolu.

Oüi, mon cœur déformais la voit, la confidere,

Comme un prefent des Cieux, qu'il faut que je révere,

Que ne peut point fur moi l'amour qui m'a vaincu !

Mariamne, enfin, je devrai ma vertu.

Il le faut avoüer : On m'a vû dans l'Afie,

Regner avec éclat, mais avec barbarie.

Craint, refpecté du Peuple, admiré ; mais haï ;

J'ai des adorateurs, & n'ai pas un ami.

Ma Sœur, que trop long-temps mon cœur a daigné

croire,

Ma Sœur n'aima jamais ma véritable gloire.

Plus cruelle que moi dans fes fanglants projets,

Sa main faifoit couler le fang de mes Sujets,

Les accabloit du poids de mon Sceptre terrible :

Tandis qu'à leurs douleurs Mariamne fenfible,

S'occupant de leur peine, & s'oubliant pour eux,

Portoit à fon Epoux les pleurs des malheureux.

D iij

C'en eſt fait. Je prétens, plus juſte, & moins ſévere,

Par le bonheur public, eſſaïer de lui plaire.

Sion va reſpirer ſous un regne plus doux.

Mariamne a changé le cœur de ſon Epoux.

Mes mains loin de mon Trône écartant les allarmes,

Deux Peuples opprimez vont eſſüier les larmes.

Je veux ſur mes Sujets regner en Cytoïen,

Et gagner tous les cœurs pour mériter le ſien.

Va la trouver, te dis-je ; & ſur tout, à ſa vûë,

Peins bien le repentir de mon ame éperdûë.

Dis-lui que mes remords égalent ma fureur.

Va, cours, vôle, & reviens. Que vois-je ! c'eſt ma Sœur

à Mazaël.

Sortez … Termine ô Ciel les chagrins de ma vie.

SCENE VI.

HERODE, SALOME.

SALOME.

HE' bien ? vous avez vû vôtre chere Ennemie ?
Avez-vous effuié des outrages nouveaux ?

HERODE.

Madame, il n'eft plus temps d'appefantir mes maux.
Je cherche à les finir. Ma rigueur implacable,
En me rendant plus craint, m'a fait plus miferable.
Affez & trop long-temps fur ma trifte Maifon,
La vengeance, & la haine ont verfé leur poifon.
De la Reine & de vous, les difcordes cruelles,
Seroient de mes tourmens les fources éternelles.
Ma Sœur, pour mon repos, pour vous, pour toutes
    deux
Eloignez-vous ; partez ; füiez ces triftes lieux ;
Il le faut.

D iiij

SALOME.

Ciel, qu'entens-je ? ah ! fatale Ennemie ?

HERODE.

Un Roi vous le commande, un Frere vous en prie.

Que puisse désormais ce Frere malheureux,

N'avoir point à donner d'ordre plus rigoureux,

N'avoir plus sur les miens de vengeances à prendre,

De soupçons à former, ni de sang à répandre.

Ne persecutez plus mes jours trop agitez.

Murmurez ; plaignez-vous, plaignez-moi : mais partez.

SALOME.

Moi, Seigneur, je n'ai point de plaintes à vous faire.

Vous croïez mon éxil, & juste & nécéssaire ;

A vos moindres desirs instruite à consentir,

Lorsque vous commandez, je ne sçai qu'obéïr.

Vous ne me verrez point, sensible à mon injure,

Attester devant vous le sang & la nature.

Sa voix trop rarement se fait entendre aux Rois,

Et près des passions le sang n'a point de droits.

Je ne vous vante plus cette amitié sincere,

Dont le zele aujourd'hui commence à vous déplaire.

Je rappelle encor moins mes services passez.

Je vois trop qu'un regard les a tous effacez.

Mais avez-vous pensé que Mariamne oublie,

Qu'Herode en ce jour même attenta sur sa vie?

Vous, qu'elle craint toûjours, ne la craignez-vous plus?

Ses vœux, ses sentimens, vous sont-ils inconnus?

Qui préviendra jamais, par des avis utiles,

De son cœur outragé les vengeances faciles?

Quels yeux interressez à veiller sur vos jours,

Pourront de ses complots démêler les détours?

Son courroux aura-t'il quelque frein qui l'arrête?

Et pensez-vous enfin, que lorsque votre tête

Sera par vos soins même exposée à ses coups,

L'amour qui vous séduit, lui parlera pour vous?

Quoi donc! tant de mépris, cette horreur inhumaine...

HERODE.

Ah! laissez-moi douter un moment de sa haine.

Laissez-moi me flatter de regagner son cœur.

Ne me détrompez point, respectez mon erreur.

Je veux croire, & je crois que votre haine altiere,

Entre la Reine & moi mettoit une barriere;

Que vous feule excitiez fon courroux endurci ,
Et qüe fans vous , enfin , j'euffe été moins haï.

S A L O M E.

Si vous pouviez fçavoir , fi vous pouviez comprendre
A quel point . . .

H E R O D E.

Non ma Sœur , je ne veux rien entendre.
Mariamne , à fon gré peut menacer mes jours :
Ils me font odieux ; qu'elle en tranche le cours.
Je périrai du moins d'une main qui m'eft chere.

S A L O M E.

Ah ! c'eft trop l'épargner , vous tromper , & me taire.
Je m'expofe à me perdre , & cherche à vous fervir ;
Et je vais vous parler , dûffiez-vous m'en punir.
Epoux infortuné ! qu'un vil amour furmonte ,
Connoiffez Mariamne , & voïez votre honte.
C'eft peu des fiers dédains dont fon cœur eft charmé ,
C'eft peu de vous haïr ; . . . un autre en eft aimé.

H E R O D E.

Un autre en eft aimé ! Pouvez-vous bien barbare ,
Soupçonner devant moi la vertu la plus rare ?

Que dis-je ? ah , malheureux ! je fens qu'au fond du
    cœur
Je n'écoute que trop ce foupçon plein d'horreur.
Un autre en eft aimé ! Nommez-moi donc , cruelle,
Le fang que doit verfer ma vengeance nouvelle.
Pourfuivez votre ouvrage. Achevez mon malheur.

SALOME.

Vous le voulez . . .

HERODE.

Parlez , je l'ordonne.

SCENE VII.

HERODE, SALOME, MAZAEL.

MAZAEL.

AH ! Seigneur ,
Venez , ne fouffrez pas que ce crime s'acheve :
Votre Epoufe vous fuit ; & Varus vous l'enleve.

HERODE.

Mariamne ! Varus ! où fuis-je ? juftes Cieux !

MAZAEL.

Varus & fes Soldats font fortis de ces lieux.

Il prépare à l'inftant cette indigne retraite ;

Il place auprès des Murs une efcorte fecrete.

Mariamne l'attend pour fortir du Palais ;

Et vous allez , Seigneur , la perdre pour jamais.

HERODE.

Ah ! le charme eft rompu , le jour , enfin , m'éclaire.

Venez ; à fon courroux , connoiffez votre Frere.

Surprenons l'infidele : & vous allez juger ,

S'il eft encor Herode , & s'il fçait fe venger.

Fin du troifiéme Acte.

ACTE IV.

SCENE PREMIERE.

SALOME, MAZAEL.

MAZAEL.

JAMAIS, je l'avouërai , plus heureuſe
apparence ,
N'a d'un menſonge adroit ſoûtenu la pru-
dence :
Ma bouche auprès d'Herode avec dexterité ,
Confondoit l'artifice avec la verité.
Mais lorſque ſans retour Mariamne eſt perduë ,
Quand la faveur d'Herode à vos vœux eſt renduë ,

Dans ces sombres chagrins, qui peut donc vous plon-
   ger ?

Madame ; en se vengeant, le Roi va vous venger.

Sa fureur est au comble : & moi-même je n'ose

Regarder sans effroi les malheurs que je cause.

Vous avez vû tantôt ce spectacle inhumain,

Ces Esclaves tremblans, égorgez de sa main,

Près de leurs corps sanglans, la Reine évanoüie,

Le Roi, le bras levé, prêt à trancher sa vie.

Ses Fils baignez de pleurs, embrassant ses genoux ;

Et présentant leur tête au-devant de ses coups.

Que vouliez-vous de plus ? que craignez-vous encore ?

S A L O M E.

Je crains le Roi ; je crains ces charmes qu'il adore,

Ce bras prompt à punir, prompt à se désarmer,

Cette colere, enfin, facile à s'enflâmer ;

Mais qui toûjours douteuse, & toûjours aveuglée,

En ces transports soudains s'est peut-être exhalée.

Mazael, mon triomphe est encor incertain.

J'ai deux fois en un jour vû changer mon destin ;

Deux fois j'ai vû l'amour succeder à la haine ;

Et nous sommes perdus , s'il voit encor la Reine.

SCENE II.

HERODE, SALOME, MAZAEL,

Gardes.

MAZAEL.

IL vient : de quels ennuis son front paroît chargé !

SALOME.

Eh bien , Seigneur , enfin , n'êtes-vous pas vengé ?

HERODE.

Ah ! ma Sœur , à quel point ma flâme étoit trahie !

Venez contre une ingrate animer ma furie.

De ma douleur mortelle , aïez quelque pitié.

Mon cœur n'attend plus rien que de votre amitié.

Hélas ! plein d'une erreur , trop fatale , & trop chere ;

Je vous sacrifiois au seul soin de lui plaire ;

Je vous comptois déja parmi mes Ennemis.

Je puniffois fur vous fa haine & fes mépris.

Ah ! j'attefte à vos yeux ma tendreffe outragée ,

Qu'avant la fin du jour vous en ferez vengée.

Je veux , fur-tout , je veux , dans ma jufte fureur ,

La punir du pouvoir qu'elle avoit fur mon cœur.

Hélas ! jamais ce cœur ne brûla que pour elle.

J'aimai , je déteftai , j'adorai l'infidelle.

Et toi , Varus , & toi , faudra-t'il que ma main ,

Refpecte ici ton crime & le fang d'un Romain ?

Non , je te punirai dans un autre toi-même.

Tu verras cet objet , qui m'abhorre , & qui t'ai-

     me ,

Cet objet à mon cœur jadis fi précieux ,

Dans l'horreur des tourmens expirant à tes yeux.

Que fur toi , s'il fe peut , tout fon fang rejailliffe.

Tu l'aimes , il fuffit , fa mort eft ton fupplice.

.. Mais … croïez-vous qu'Augufte approuve ma ri-

     gueur.

S A L O M E.

Il la confeilleroit. N'en doutez point , Seigneur.

Augufte

Augufte a des Autels où le Romain l'adore ;
Mais de fes Ennemis le fang y fume encore.
Augufte à tous les Rois a pris foin d'enfeigner ,
Comme il faut qu'on les craigne , & comme il faut re-
    gner.
Imitez fon exemple , affûrez votre vie ;
Tout condamne la Reine , & tout vous juftifie.

MAZAEL

Ménagez cependant des momens précieux :
Et tandis que Varus eft abfent de ces lieux ;
Que par lui , loin des murs ; fa garde eft difpofée ;
Saififfez , achevez une vengeance aifée.

SALOME.

Mais , fur tout , aux Hebreux , cachez votre douleur.
D'un fpeclable funefte épargnez-vous l'horreur.
Loin de ces triftes lieux , témoins de votre outrage ;
Fuïez de tant d'objets la douloureufe image.
Venez , Seigneur , venez au fond de mon Palais ;
A vos efprits troublez , daignez rendre la paix.

HERODE.

Non , ma Sœur , laiffez-moi la voir & la confondre.
Je veux l'entendre ici , la forcer à répondre :

E

Joüir du defefpoir de fon cœur accablé ,

Et qu'au moins elle meure , après avoir tremblé.

SALOME.

Quoi ! Seigneur , vous voulez vous montrer à fa vûë ?

H E R O D E.

'Ah ! ne redoutez rien. Sa perte eft réfoluë.

Vainement l'infidelle efpere en mon amour.

Mon cœur , à la clémence eft fermé fans retour.

Loin de craindre ces yeux , qui m'avoient trop fçû plai-

     re ,

Je fens que fa préfence aigrira ma colere.

Gardes , que dans ces lieux on la faffe venir.

Je ne veux que la voir ; l'entendre, & la punir.

Ma Sœur , pour un moment , fouffrez que je refpire.

Qu'on appelle la Reine. Et vous , qu'on fe retire.

S C E N E   I I I.

H E R O D E *feul.*

TU veux la voir , Herode ! à quoi te réfous-tu ?

     Conçois-tu les deffeins de ton cœur éperdu ?

Quoi ? son crime à tes yeux n'est-il pas manifeste ?

N'es-tu pas outragé ? que t'importe le reste ?

Quel fruit espére-tu de ce triste entretien ?

Ton cœur peut-il douter des sentimens du sien ?

Hélas ! tu sçais assez combien elle t'abhorre.

Tu prétens te venger ! Pourquoi vit-elle encore ?

Tu veux la voir ! ah ! lâche, indigne de regner ,

Va soûpirer près d'elle, & cours lui pardonner . . .

Va voir cette beauté , si long-temps adorée . . .

Non , elle périra ; non, sa mort est jurée.

Vous serez répandu , sang de mes Ennemis ,

Sang des Asmonéens, dans ses veines transmis ;

Sang, qui me haïssez , & que mon cœur déteste.

Mais la voici. Grand Dieu ! quel spectacle funeste !

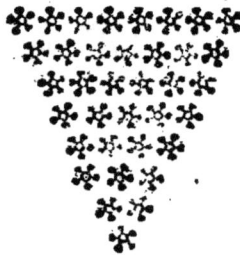

S C E N E   I V.

MARIAMNE, HERODE, ELIZE.
Gardes.

E L I S E.

REprenez vos efprits , Madame , c'eft le Roi.

MARIAMNE.

Où fuis-je ? où vais-je ? ô Dieu ! je me meurs . . . jé le
voi.

HERODE.

D'où vient qu'à fon afpect mes entrailles frémiffent ?

MARIAMNE.

Elize foûtien-moi , mes forces s'affoibliffent.

E L I Z E.

Avançons.

MARIAMNE.

Quel tourment !

HERODE.

Que lui dirai-je ? ô Cieux !

MARIAMNE.

Pourquoi m'ordonnez-vous de paroître à vos yeux ?

Voulez-vous, de vos mains m'ôter ce foible reste

D'une vie, à tous deux également funeste ?

Vous le pouvez ; frappez, le coup m'en sera doux :

Et c'est l'unique bien, que je tiendrai de vous.

HERODE.

Oüi, je me vengerai, vous serez satisfaite.

Mais parlez ; défendez votre indigne retraite.

Pourquoi, lorsque mon cœur, si long-temps offensé,

Indulgent pour vous seule, oublioit le passé :

Lorsque vous partagiez mon Empire & ma gloire,

Pourquoi prépariez-vous cette fuite si noire ?

Quel dessein ! quelle haine a pû vous posseder ?

MARIAMNE.

Ah ! Seigneur, est-ce à vous à me le demander ?

Je ne veux point vous faire un reproche inutile.

Mais si loin de ces lieux j'ai cherché quelque azile,

Si Mariamne, enfin, pour la premiere fois,

Du pouvoir d'un Epoux méconnoiffant les droits,

A voulu se souftraire à son obéïssance ;

Songez à tous ces Rois, dont je tiens la naissance,

A mes périls présens, à mes malheurs passez,

Et condamnez ma fuite après, si vous l'osez.

E iij

HERODE.

Quoi ! lorsqu'avec un traître un fol amour vous lie ;
Quand Varus . . . .

MARIAMNE.

Arrêtez ; il suffit de ma vie.
D'un si cruel affront cessez de me couvrir.
Laissez-moi, chez les Morts descendre sans rougir.
N'oubliez pas du moins, qu'attachez l'un à l'autre,
L'hymen, qui nous unit, joint mon honneur au vôtre.
Voilà mon cœur. Frappez. Mais en portant vos coups,
Respectez Mariamne, & même son Epoux.

HERODE.

Perfide ! il vous sied bien de prononcer encore
Ce nom qui vous condamne, & qui me déshonore!
Vos coupables dédains vous accusent assez ;
Et je crois tout de vous, si vous me haïssez.

MARIAMNE.

Quand vous me condamnez, quand ma mort est certai-
ne,
Que vous importe, hélas! ma tendresse, ou ma haine ?
Et quel droit désormais avez-vous sur mon cœur,
Vous qui l'avez rempli d'amertume & d'horreur ;

Vous , qui depuis cinq ans infultez à mes larmes ,

Qui marquez fans pitié mes jours par mes allarmes :

Vous , de tous mes Parens deftructeur odieux ;

Vous , teint du fang d'un Pere , expirant à mes yeux ?

Cruel ! ah ! fi du moins votre fureur jaloufe ,

N'eût jamais attenté qu'aux jours de votre Epoufe ;

Les Cieux me font témoins , que mon cœur tout à
vous

Vous cheriroit encor , en mourant par vos coups :

Mais qu'au moins mon trépas calme votre furie.

N'étendez point mes maux au-delà de ma vie :

Prenez foin de mes Fils , refpectez vôtre fang ;

Ne les puniffez pas d'être nez dans mon flanc :

Herode , aïez pour eux des entrailles de Pere.

Peut-être un jour , hélas ! vous connoîtrez leur Mere.

Vous plaindrez , mais trop tard , ce cœur infortuné ,

Que feul dans l'Univers , vous avez foupçonné ;

Ce cœur qui n'a point fçû , trop fuperbe , peut-
être ,

Déguifer fes douleurs , & ménager un Maître :

Mais qui jufqu'au tombeau conferva fa vertu ,

Et qui vous eût aimé , fi vous l'aviez voulu.

HERODE.

Qu'ai-je entendu? quel charme, & quel pouvoir fuprême,
Commande à ma colere, & m'arrache à moi-même ?
Mariamne . . .

MARIAMNE.

Cruel !

HERODE.

... O foibleffe ! ô fureur !

MARIAMNE.

De l'état où je fuis voïez du moins l'horreur,
Otez-moi par pitié cette odieufe vie.

HERODE.

Ah ! la mienne à la vôtre eft pour jamais unie.
C'en eft fait : je me rends ; banniffez votre effroi.
Puifque vous m'avez vû, vous triomphez de moi.
Vous n'avez plus befoin d'excufe & de défenfe,
Ma tendreffe pour vous, vous tient lieu d'innocence.
En eft-ce affez, ô Ciel ! en eft-ce affez, amour ?
C'eft moi qui vous implore, & qui tremble à mon tour.
Serez-vous aujourd'hui la feule inéxorable ?
Quand j'ai tout pardonné, ferai-je encor coupable ?

Mariamne, cessons de nous persecuter.
Nos cœurs ne sont-ils faits que pour se détester ?
Nous faudra-t'il toûjours redouter l'un & l'autre ?
Finissons à la fois ma douleur & la vôtre.
Commençons sur nous-même à regner en ce jour.
Rendez-moi votre main, rendez-moi votre amour.

MARIAMNE.

Vous demandez ma main ! Juste Ciel que j'implore,
Vous sçavez de quel sang la sienne fume encore.

HERODE.

Eh bien, j'ai fait périr & ton Pere & mon Roi.
J'ai répandu son sang pour regner avec toi.
Ta haine en est le prix, ta haine est légitime :
Je n'en murmure point, je connois tout mon crime.
Que dis-je ? son trépas, l'affront fait à tes Fils,
Sont les moindres forfaits que mon cœur ait commis.
Herode a jusqu'à toi porté sa barbarie ;
Durant quelques momens je t'ai même haïe :
J'ai fait plus, ma fureur a pû te soupçonner ;
Et l'effort des vertus est de me pardonner.

D'un trait si genereux, ton cœur seul est capable.

Plus Herode à tes yeux doit paroître coupable,

Plus ta grandeur éclate à respecter en moi,

Ces nœuds infortunez qui m'unissent à toi.

Tu vois où je m'emporte, & quelle est ma foiblesse.

Garde-toi d'abuser du trouble qui me presse.

Cher & cruel objet d'amour & de fureur,

Si du moins la pitié peut entrer dans ton cœur,

Calme l'affreux désordre où mon ame s'égare.

Tu détournes les yeux . . . Mariamne. . .

MARIAMNE.

Ah ! barbare,

Un juste repentir produit-il vos transports ?

Et pourrai-je en effet, compter sur vos remords ?

HERODE.

Oüi tu peux tout sur moi, si j'amollis ta haine.

Hélas ! ma cruauté, ma fureur inhumaine,

C'est toi qui dans mon cœur as sçû la rallumer.

Tu m'as rendu barbare, en cessant de m'aimer.

Si mon crime est affreux ; que le remords l'efface.

Je te jure . . .

SCENE V.

HERODE, MARIAMNE, ELIZE.

Un Garde.

SEigneur, Varus eſt dans la Plaçe.

Dans le ſang des Boureaux il a fait renverſer

L'Echaffaut que Salome a déja fait dreſſer.

A nos Chefs étonnez , Varus commande en Maître :

Il marche vers ces lieux , il vient, il va paroître.

HERODE.

Quoi ! dans le moment même où je ſuis à vos pieds,

Vous avez pû perfide ?...

MARIAMNE.

Ah ! Seigneur vous croiriez ?...

HERODE.

Qu'on la garde , Soldats, qu'on l'ôte de ma vûë.

On emmene Mariamne.

Vous : raſſemblez ma Garde en ces lieux répanduë.

Je ne connois plus Rome, & je vais de ce pas...

SCENE VI.

HERODE, SALOME.

Gardes.

SALOME.

AH ! mon Frere, aux Hebreux ne vous prefentez pas.
Le Peuple foûlevé demande votre vie.

Le nom de Mariamne excite leur furie.

De vos mains, de ces lieux, ils viennent l'arracher.

HERODE.

Allons. Ils me verront, & je cours les chercher.

Mais quoi ! laiffer ici la coupable impunie ?

Ah ! je veux dans fon fang laver fa perfidie.

Je veux, ... j'ordonne ... hélas ! dans mon funefte
fort,

Je ne puis rien réfoudre, & vais chercher la mort.

Fin du quatriéme Acte.

ACTE V.

SCENE PREMIERE.

MARIAMNE, ELIZE.

MARIAMNE.

Loignez-vous, Soldats ; daignez laisser du moins,
Votre Reine, un moment, respirer sans témoins.

Les Gardes se retirent au coin du Théatre.

Voilà donc, juste Dieu, quelle est ma destinée?
La splendeur de mon sang, la pourpre où je suis née,
Enfin ce qui sembloit promettre à mes beaux jours,
D'un bonheur assûré, l'inalterable cours ;

Tout cela n'a donc fait que verſer ſur ma vie ;

Le funeſte poiſon , dont elle fut remplie.

Mes yeux n'ont jamais vû le jour qu'avec douleur.

L'inſtant où je naquis , commença mon malheur .

Mon berceau fut couvert du ſang de ma Patrie.

J'ai vû du Peuple Saint , la gloire anéantie.

Sous ce Trône coupable , un éternel ennui ,

M'a creuſé le tombeau , que l'on m'ouvre aujourd'hui.

Dans les profondes eaux j'ai vû périr mon Frere ,

Mon Epoux à mes yeux a maſſacré mon Pere :

Par ce cruel Epoux , condamnée à perir ,

Ma vertu me reſtoit. On oſe la flétrir.

Grand Dieu ! dont les rigueurs éprouvent l'innocen-
    ce ,

Je ne demande point ton aide ou ta vengeance.

J'appris de mes Aïeux , que je ſçais imiter,

A voir la mort ſans crainte , & ſans la mériter.

Je t'offre tout mon ſang. Deffens au moins ma gloire.

Commande à mes Tyrans d'épargner ma mémoire.

Que le menſonge impur n'oſe plus m'outrager.

Honorer la vertu , c'eſt aſſez la venger.

Mais quel tumulte affreux ! quel cris ! quelles allarmes !

Ce Palais retentit du bruit confus des armes.

Hélas ! j'en suis la cause, & l'on périt pour moi.

On enfonce la porte. Ah ! qu'est-ce que je voi ?

SCENE II.

MARIAMNE, VARUS, ELIZE, ALBIN.

Soldats d'Herode.

Soldats de Varus.

VARUS.

FUïez, vils Ennemis qui gardez votre Reine ;
Hébreux, disparoissez. Romains, qu'on les enchaîne.

Les Gardes & Soldats d'Herode s'en vont.

Venez, Reine, venez ; secondez nos efforts.

Suivez mes pas. Marchons dans la foule des Morts.

A vos Persecuteurs vous n'êtes plus livrée.

Ils n'ont pû de ces lieux me deffendre l'entrée.

Dans son perfide sang Mazael est plongé ;

Et du moins à demi , mon bras vous a vengé,

D'un instant précieux saisissez l'avantage,

Mettez ce front auguste à l'abri de l'orage.

Avançons.

MARIAMNE,

       Non , Seigneur ; il ne m'est plus permis

D'accepter vos bontez contre mes Ennemis.

Après l'affront cruel , & la tache trop noire ,

Dont les soupçons d'Herode ont offensé ma gloire ;

Je les mériterois , si je pouvois souffrir ;

Cet appui dangereux que vous venez m'offrir.

Je crains votre secours , & non sa barbarie.

Il est honteux pour moi de vous devoir la vie ;

L'honneur m'en fait un crime. Il le faut expier ,

Et j'attends le trépas pour me justifier.

VARUS.

Que faites-vous , hélas ! malheureuse Princesse !

Un moment peut vous perdre. On combat. Le temps

     presse.

                            Craignez

Craignez encor Herode, armé du desespoir.

MARIAMNE.

Je ne crains que la honte, & je sçai mon devoir.

VARUS.

Quoi ! faudra-t'il toujours que Varus vous offense ?
Je vais donc, malgré-vous, servir votre vengeance.
Je cours à ce Tyran, qu'en vain vous respectez,
Je revôle au combat, & mon bras . . .

MARIAMNE.

         Arrêtez.

Je déteste un triomphe, à mes yeux si coupable.
Seigneur, le sang d'Herode est pour moi respectable.
C'est lui de qui les droits . . .

VARUS.

       L'ingrat les a perdus.

MARIAMNE.

Par les nœuds les plus saints . . .

VARUS.

      Tous vos nœuds sont rompus.

MARIAMNE.

Le devoir nous unit.

          F

VARUS.

Le crime vous fépare.
N'arrêtez plus mes pas. Vengez-vous d'un Barbare.
Sauvez tant de vertus ；；.

MARIAMNE.

Vous les déshonorez.

VARUS.

Il va trancher vos jours.

MARIAMNE.

Les fiens me font facrez.

VARUS.

Il a foüillé fa main du fang de votre Pere.

MARIAMNE.

Je fçai ce qu'il a fait, & ce que je dois faire.
De fa fureur ici j'attends les derniers traits ,
Et ne prends point de lui l'éxemple des forfaits.

VARUS.

O courage ! ô conftance ! ô cœur inébranlable !
Dieux ! que tant de vertus rend Herode coupable !
Plus vous me commandez de ne point vous fervir ,
Et plus je vous promets de vous défobéïr.

Votre honneur s'en offenſe , & le mien me l'ordonne.

Il n'eſt rien qui m'arrête. Il n'eſt rien qui m'étonne.

Et je cours réparer , en cherchant votre Epoux ,

Ce temps que j'ai perdu ſans combâttre pour vous.

MARIAMNE.

Seigneur . . . .

SCENE III.

MARIAMNE, ELIZE.
Gardes.

MARIAMNE.

Mais il m'échappe ; il ne veut point m'entendre.

Ciel ! ô Ciel ! épargnez le ſang qu'on va répandre ;

Epargnez mes Sujets ; épuiſez tout ſur moi.

Sauvez le Roi lui-même.

F ij

SCENE IV.

MARIAMNE, ELIZE, NABAL,

Gardes.

MARIAMNE.

AH ! Nabal, eſt-ce toi ?
Qu'as-tu fait de mes Fils ? & que devient ma Mere ?

NABAL.

Le Roi n'a point ſur eux étendu ſa colere.
Unique , & triſte objet de ſes tranſports jaloux ,
Dans ces extrémitez ne craignez que pour vous.
Le ſeul nom de Varus augmente ſa furie.
Si Varus eſt vaincu , c'eſt fait de votre vie.
Déja même , déja le barbare Zarès
A marché vers ces lieux , chargé d'ordres ſecrets.
Oſez paroître , oſez vous ſecourir vous-même.
Jettez-vous dans les bras d'un Peuple qui vous aime.

Faites voir Mariamne à ce Peuple abbatu.

Vos regards lui rendront son antique vertu.

Appellons à grands cris nos Hebreux & nos Prêtres.

Tout Juda défendra le pur sang de ses Maîtres.

Madame, avec courage, il faut vaincre, ou perir.

Daignez...

MARIAMNE.

Le vrai courage est de sçavoir souffrir.

Non d'aller exciter une foule rebelle,

A lever sur son Prince une main criminelle.

Je rougirois de moi, si craignant mon malheur,

Quelques vœux pour sa mort avoient surpris mon

    cœur,

Si j'avois un moment en secret souhaité ma vengean-

    ce,

Et fondé sur sa perte un reste d'esperance.

Nabal, en ce moment, le Ciel met dans mon sein

Un desespoir plus noble, un plus digne dessein.

Le Roi qui me soupçonne, enfin, va me connoître.

Au milieu du Combat on me verra paroître.

De Varus & du Roi j'arrêterai les coups,

Je remettrai ma tête aux mains de mon Epoux.

Je fuïois ce matin , sa vengeance cruelle ;

Ses crimes m'éxiloient ; son danger me rappelle.

Ma gloire me l'ordonne ; & prompte à l'écouter ,

Je vais sauver au Roi le jour qu'il veut m'ôter.

SCENE V.

ELIZE, NABAL.

NABAL.

O Dieu ! qui l'inspirez , ô Justice éternelle !
Deffendez l'innoçence , & combattez pour elle.

Elize , sur ses pas , courrons chercher le Roi.

ELIZE.

Ciel ! Herode revient ; je l'entends ; je le voi.

SCENE VI.

HERODE, IDAMAS.

Gardes.

HERODE.

QUe je n'entende plus le nom de l'infidelle.
C'eſt un crime envers moi d'oſer me parler d'elle.
Eh bien , braves Soldats , n'ai-je plus d'Ennemis ?

IDAMAS.

Les Romains ſont défaits ; les Hebreux ſont ſoûmis :
Varus , percé de coups , vous cede la Victoire.
Ce jour vous a comblé d'une éternelle gloire.
Mais le ſang de Varus , répandu par vos mains ,
Peut attirer ſur vous le courroux des Romains.
Songez-y bien , Seigneur ; & qu'une telle offenſe . ..

HERODE.

De la coupable , enfin , je vais prendre vengeance.

F iiij

Je perds l'indigne objet que je n'ai pû gagner,

Et de ce seul moment je commence à regner.

J'étois trop aveuglé ; ma fatale tendresse,

Etoit ma seule tache, & ma seule foiblesse.

Laissons mourir l'ingrate ; oublions ses attraits ;

Que son Nom dans ces lieux s'efface pour jamais ;

Que dans mon cœur, sur-tout, sa mémoire périsse.

Enfin tout est-il prêt pour ce juste supplice ?

IDAMAS.

Oüi, Seigneur.

HERODE.

Quoi ! si-tôt on a pû m'obéïr ?

Infortuné Monarque ! elle va donc périr ?

Tout est prêt, Idamas ?

IDAMAS.

Vos Gardes l'ont saisie ;

Votre vengeance, hélas ! sera trop bien servie.

HERODE.

Elle a voulu sa perte ; elle a sçû m'y forcer,

Que l'on me venge. Allons, il n'y faut plus penser.

Hélas ! j'aurois voulu vivre & mourir pour elle !

A quoi m'as-tu réduit, Epouse criminelle ?

SCENE DERNIERE.

HERODE, IDAMAS, NABAL.

HERODE.

Nabal, où courez-vous ? Juste Ciel ! vous pleurez ?
De crainte, en le voïant, mes sens sont penetrez.

NABAL.

Seigneur...

HERODE.

Ah ! malheureux, que venez-vous me dire ?

NABAL.

Ma voix en vous parlant, sur mes levres expire.

HERODE.

Mariamne...

NABAL.

O douleur ! ô regrets superflus !

HERODE

Quoi ! c'en est fait ?

NABAL.

Seigneur, Mariamne n'est plus.

HERODE.

Elle n'eſt plus ? grand Dieu ?

NABAL.

Je dois à ſa memoire,
A ſa vertu trahie, à vous, à votre gloire,
De vous montrer le bien que vous avez perdu ;
Et le prix de ce ſang par vos mains répandu.
Non, Seigneur, non, ſon cœur n'étoit point infidelle.
Hélas ! lorſque Varus a combattu pour elle,
Votre Epouſe à mes yeux déteſtant ſon ſecours,
Voloit pour vous deffendre au péril de ſes jours.

HERODE.

Qu'entens-je ? ah malheureux ! ah déſeſpoir extrême !
Nabal que m'as-tu dit ?

NABAL.

C'eſt dans ce moment même,
Où ſon cœur ſe faiſoit ce genereux effort,
Que vos ordres cruels l'ont conduite à la mort.
Salome avoit preſſé l'inſtant de ſon ſupplice.

HERODE.

O monſtre, qu'à regret épargna ma juſtice !

Monſtre, quels châtimens ſont pour toi réſervez !

Que ton ſang, que le mien . . . Ah ! Nabal achevez

Achevez mon trépas par ce récit funeſte.

NABAL.

Comment pourrai-je hélas ! vous apprendre le reſte ?

Vos Gardes de ces lieux ont oſé l'arracher.

Elle a ſuivi leur pas, ſans vous rien reprocher ;

Sans affecter d'orgueil, & ſans montrer de crainte.

La douce Majeſté ſur ſon front étoit peinte.

La modeſte innocence, & l'aimable pudeur,

Regnoient dans ſes beaux yeux, ainſi que dans ſon cœur.

Son malheur ajoûtoit à l'éclat de ſes charmes.

Nos Prêtres, nos Hebreux dans les cris, dans les larmes,

Conjuroient vos Soldats, levoient les mains vers eux,

Et demandoient la mort avec des cris affreux.

Hélas ! de tous côtez, dans ce déſordre extrême,

En pleurant Mariamne, on vous plaignoit vous même.

L'on diſoit hautement qu'un Arrêt ſi cruel

Accableroit vos jours d'un remords éternel.

HERODE.

Grand Dieu ! que chaque mot me porte un coup terrible !

NABAL.

Aux larmes des Hebreux Mariamne sensible,
Consoloit tout ce Peuple, en marchant au trépas.
Enfin vers l'échaffaut on a conduit ses pas.
C'est là qu'en soûlevant ses mains appésanties,
Du poids affreux des fers indignement flétries,
,, Cruel, a-t'elle dit, malheureux Epoux !
,, Mariamne, en mourant, ne pleure que sur vous.
,, Puissiez-vous par ma mort finir vos injustices.
,, Vivez, regnez heureux sous de meilleures auspices;
,, Voïez d'un œil plus doux mes Peuples & mes Fils ;
,, Aimez-les : je mourrai trop contente à ce prix.
En achevant ces mots, vôtre Epouse innocente
Tend au fer des Boureaux cette tête charmante,
Dont la Terre admiroit les modestes ap pas.
Seigneur, j'ai vû lever le parricide bras ;
J'ai vû tomber . . . .

HERODE.

Tu meurs, & je refpire encor?

Mânes facrez, chere ombre, Epoufe que j'adore,

Refte pâle & fanglant de l'objet le plus beau,

Je te fuivrai du moins dans la nuit du tombeau.

Quoi! vous me retenez? Quoi! Citoyens perfides,

Vous arrachez ce fer à mes mains parricides.

Ma chere Mariamne, arme-toi, punis-moi,

Viens déchirer ce cœur, qui brûle encor pour toi.

Je me meurs.

Il tombe dans un fauteuil.

NABAL.

De fes fens, il a perdu l'ufage :

Il fuccombe à fes maux.

HERODE.

Quel funefte nuage!

S'eft répandu foudain fur mes efprits troublez!

D'un fombre & noir chagrin mes fens font accablez.

D'où vient qu'on m'abandonne au trouble qui me gêne?

Je ne vois point ma Sœur, je ne vois point la Reine.

Vous pleurez, vous n'ofez vous approcher de moi!

Trifte Jerufalem, tu fuïs devant ton Roi?

Qu'ai-je donc fait ? Pourquoi suis-je en horreur au mon-
    de ?

Qui me délivrera de ma douleur profonde ?

Par qui ce long tourment sera-t'il adouci ?

Qu'on cherche Mariamne , & qu'on l'amenne ici.

NABAL.

Mariamne , Seigneur

HERODE.

          Oüi : je sens que sa vûë,

Va rendre un calme heureux à mon ame éperduë.

Toûjours devant ses yeux que j'aime & que je crains,

Mon cœur est moins troublé ; mes jours sont plus se-
    rains.

Déja même à son nom mes douleurs s'affoiblissent.

Déja de mon chagrin les ombres s'éclaircissent.

Qu'elle vienne.

NABAL.

       Seigneur . . .

HERODE.

         Je veux la voir.

NABAL.   Hélas !

Avez-vous pû , Seigneur, oublier son trépas !

HERODE.

Cruel ! que dites-vous ?

NABAL.

La douleur le transporte :
Il ne se connoît plus.

HERODE.

Quoi ! Mariamne est morte ?
Infideles Hebreux, vous ne la vengez pas !
Cieux qui la possedez, tonnez sur ces ingrats.
Lieux teints de ce beau sang que l'on vient de répandre,
Murs que j'ai relevez, Palais, tombez en cendre :
Cachez sous les débris de vos superbes Tours,
La place où Mariamne a vû trancher ses jours.
Temple que pour jamais tes voûtes se renversent,
Que d'Israël détruit, les Enfans se dispersent.
Que sans Temple & sans Rois, errans, persecutez,
Fugitifs en tous lieux, & par tout détestez,
Sur leurs fronts égarez, portant dans leur misere,
Des vengeances de Dieu, l'effraïant caractere ;
Ce Peuple aux Nations transmette avec terreur,
Et l'horreur de mon nom, & la honte du leur.

FIN.

De l'Imprimerie de LOUIS SEVESTRE,
Pont S. Michel.

PRIVILEGE DU ROY.

LOUIS, par la grace de Dieu, Roi de France & de Navarre: à nos Amez & feaux Conseillers les Gens tenans nos Cours de Parlement, Maîtres des Requêtes ordinaires de nôtre Hôtel, Grand-Conseil, Prevôt de Paris, Baillifs, Sénéchaux, leurs Lieutenans Civils, & autres nos Justiciers qu'il appartiendra; SALUT: Nôtre bien amé le Sieur AROÜET DE VOLTAIRE, Nous a fait exposer qu'il souhaiteroit faire imprimer & donner au Public une Tragedie Françoise de sa composition, intitulée: *Mariamne, Tragedie dudit Sieur de Voltaire*, (avec défenses à tous Acteurs & autres montant sur les Théatres publics, d'y representer, ni jouer ladite Tragedie sans le consentement dudit Sieur de Voltaire, sous les peines portées par le present Privilege) s'il nous plaisoit lui accorder nos Lettres de Privilege sur ce necessaires: A CES CAUSES voulant traiter favorablement ledit Exposant & reconnoître son zele: Nous lui avons permis & permettons par ces Presentes de faire imprimer ladite Tragedie en tels volumes, forme, marge, caractere, conjointement ou séparément & autant de fois que bon lui semblera, & de le faire vendre & débiter par tout nôtre Roïaume pendant le temps de SIX Années consecutives, à compter du jour de la date desdites: FAISONS défenses à toutes sortes de Personnes, de quelque qualité & condition qu'elles foient d'en introduire d'impreffion étrangere dans aucun lieu de nôtre obéïffance : comme auffi à tous Imprimeurs & Libraires & autres, d'imprimer, faite imprimer, vendre, faire vendre, débiter, ni contrefaire ladite Tragedie en tout ni en partie, ni d'en faire aucuns extraits fous quelque pretexte que ce foit, d'augmentation, correction, changement de Titre ou autrement, fans la permiffion expreffe & par écrit dudit Expofant, ou de ceux qui auront droit de lui à peine de confifcation des exemplaires contrefaits, de Quinze cens livres d'amende contre chacun des Contrevenans, dont un tiers à Nous, un tiers à l'Hôtel-Dieu de Paris, l'autre tiers audit Expofant, & de tous dépens, dommages & interefts : A la charge que ces Prefentes feront enregîtrées tout au long fur le Regître de la Communauté des Imprimeurs & Libraires de Paris, & ce dans trois mois de la datte d'icelle : Que l'impreffion de ladite Tragedie fera faite dans nôtre Roïaume & non ailleurs, en bon papier & en beaux caracteres conformément aux Reglemens de la Librairie ; & qu'avant que de l'expofer en vente, le Manufcrit ou imprimé qui aura fervi de Copie à l'Impreffion de ladite Tragedie, fera remis dans le même état où l'Approbation y aura été donnée és mains de nôtre tres-cher & féal Chevalier, Garde des Sceaux de France le Sieur FLEURIAU D'ARMENONVILLE, Commandeur de nos Ordres ; & qu'il en fera enfuite remis deux exemplaires dans nôtre Bibliotheque publique, un dans celle de nôtre Château du Louvre, & un dans celle de nôtre tres cher & féal Chevalier, Garde des Sceaux de France, le

Sieur Fleuriau d'Armenonville , Commandeur de nos Ordres ; le tout à peine de nullité des Prefentes: Du contenu defquelles vous mandons & enjoignons de faire jouïr l'Expofant ou fes ayans caufe pleinement & paifiblement, fans fouffrir qu'il leur foit fait aucun trouble ou empêchement : VOULONS que la Copie defdites Prefentes qui fera imprimée tout au long au commencement ou à la fin de ladite Tragedie, foit tenuë pour dûëment fignifiée , & qu'aux Copies collationnées par l'un de nos Amez & feaux Confeillers & Secretaires, foy foit ajoûtée comme à l'Original : COMMANDONS au premier nôtre Huiffier ou Sergent de faire pour l'execution d'icelles tous Actes requis & neceffaires, fans demander autre permiffion , & nonobftant clameur de Haro , Charte Normande & Lettres à ce contraires. CAR TEL EST NOTRE PLAISIR. DONNE' à Paris le vingt-uniéme jour du mois de Juillet l'An de grace mil fept cent vingt-quatre, & de nôtre Regne le Neufviéme.

PAR LE ROY EN SON CONSEIL ,

Signé , CARPOT.

Regîtré fur le Regître VI. de la Chambre Royale & Syndicale de l'Imprimerie & de la Librairie de Paris N°. 35. Fol. 29. conformément au Reglement de 1723. qui fait deffenfes art. IV. à toutes perfonnes de quel-

que qualité qu'elles ſoient, autres que les Imprimeurs &
Libraires, de vendre, debiter & faire afficher aucuns
Livres pour les vendre en leurs noms, ſoit qu'ils s'en
diſent les Auteurs, ou autrement; & à la charge de
fournir les exemplaires preſcrits par l'Art. CVIII.
du même Reglement. A Paris le 31. Juillet mil ſept
cent vingt-quatre.

Signé, BRUNET, Syndic.

Lettre Critique Sur Marianne
par Rousseau

J'ay enfin eu le plaisir de considerer
à mon aise cette merveilleuse Super-
fétation, ou Sivous voulez le Second
Accouchement d'un avorton remis
dans le Centre de Sa mere pour y
prendre une nouvelle formation qui
malgré cela ne m'en a pas paru
plus reguliere et je vous avoue
que depuis latête jusqu'à la queüe
je n'ay point vu de monstre dont
les parties fussent plus disjointes et
plus mal composées, tout est
precipité dans ces Ouvrages, Sans
nulle forme deraison ny de
vraysemblance et s'il y a aucune
chose qui dût arriver Si un Seul des

Acteurs de la piece avoir le[s] [...] commun[s]

Mariamne est ~~une~~ Idole froide et insipide qui ne scait ce qu'elle fait ny ce qu'elle veut, Varus est un étourdy qui prend aussy mal son tems et ses mesures sur le Jourdain qu'aux le Danube, Hérode avec sa Politique est la plus grande Dupe et le plus imbecille perso- nage de la troupe, Salome une Carogne qui meriteroit d'être fouettée au cul d'une Charrette et Mazaël un fripon maladroit qui loin de s'accommoder aux inclinations de son maître le heurte d'une façon à le faire mettre entre quatre murailles.

Si Herode n'étoit pas un aveugle
aussy fol que l'Auteur qui le fait
agir, dans l'Action, Varus promet
toujours et ne fait que de l'Eau
toute claire, Marianne veut se
Sauver et perd le tems à faire
Son paequets, Herode qui arrive
entouré de Peuples et de Courtisans
trouve moyen d'aller chez Sa
femme en bonne fortune Sans que
personne S'en apperçoive, le
même Varus obligé par Ordre du
Senat a installer ce Roy rehabilité
qui ne peut être reconnu Sans
cela, à l'adresse de Se derober
Subtilement à Sa vüe dans Son
Palais même, et Herode avec
Ses Sujets, qui ne le Sont
point encore, et qui le Laissent

mortellement l'echiveau lui et les
Romains & tous maitres qu'ils sont
dans ses Etats, Mariamne se
reconcilié avec son mary, et dans
le Tems qu'ils sont ensemble, il
survient un Incident qui la deshonore
et elle le laisse partir sans se
justiffier

Mais la fin est ce qu'il y a de
plus ridicule, il est arrivé un
Tumulte l'Echaffaut est
renversé, on ne scait ce qu'est
devenu Salome qui aparavement
a pris soin de se bien cacher, sans
quoy elle auroit mal passé son
tems. Mariamne est sur le
Theatre Varus vient de la quitter
retournant au Combats, elle

soit sans y être contrainte
avant que la querelle soit décidée.
Herode arrive dans l'instant même
et a peine a t'il prononcé 12. vers
qu'il se trouve que l'échaffaut
est redressé, que Salome y a fait
conduire en ceremonie, Marianne
et que la pauvre Reine est
decapitée aussy tranquillement
que si de rien n'étoit quoique le
recit de la mort tout abregé
qu'il est oeuïse quatre fois
plus de tems que l'Auteur n'en
a donné à toutes ses operations.

En verité si Voltaire a negligé
le merveilleux dans son Poëme
de la Ligue c'est belle matiere
à Luy, car je deffie qu'on

trouve rien dans les Enchanteurs
de l'Arioste qui le soit autant
que cette surprenante fête trophée.

Le pauvre Hérode n'avoit garde
de s'en douter aussy n'en a t'il rien
vû que quand tout a été fait,
mais tout enragé qu'il est il ne
pense pas seulement à hâter
la malheureuse Zénu par les conseils
de laquelle il s'est conduit dans
toute la pièce quoiqu'il la recon-
noisse pour une furieuse qui
l'a rendu odieux à toute la Terre

Quant à ses fureurs qui
sont si animées et si touchantes
dans Tristan malgré la vetusté du
langage elles ne sont mises icy
que pour la forme, car vous ne
vîtes jamais un sommaire de
fureurs plus abregé que celuy là,

er si onles mettoit en musique elles
nedureroient pas autant que celles
d'Atys

Voila Mr. le precis dece chef-
d'Oeuvre qui, comme vous voyez, ne
Semble pas moins fait contre la
raison que contre la rime à laquelle
le Poëte en veut si furieusement qu'il
nepeut s'y assujetir à l'exemple
de Pradon son devancier.

On peut cependant luy pardonner la piece en faveur de la Parodie
à laquelle elle a donné lieu et
qui est d'un bout à l'autre aussy
ingenieuse que regulierement ecrite,
vous me feriez plaisir de m'en
dire l'Auteur. je voudrois pour
l'honneur de Voltaire que ce fut
luy même qui l'eut faite, aumoins

pourroit il se retrancher sur l'intention
de prendre le public pour Duppe
et de faire voir qu'il ne l'est pas

J'oubliois le Portrait des Dames
Romaines qui m'a paru une Satyre
assez hors de place de nos Dames
Françoises, les quelles ne s'y
reconnoitront peut-être que
trop